国际贸易经典译丛 · 简明系列

国际商务文化

（第三版）

查理·米歇尔（Charles Mitchell）／著
姜 欣 吴文清／译

A Short Course in International Business Culture

（3rd Edition）

中国人民大学出版社
· 北京 ·

目　录

第1章 对文化差异的理解

最大的痛苦莫过于两种文化的冲突。

——赫尔曼·赫西

从事国际商务活动的人都知道干瞪眼、被迫强颜欢笑或者是不知所云地作评论的感觉是多么可怕——当你说的话和当时的情景不搭边，或者是似乎遗漏了什么的时候，就会出现这种局面。在这样的情况下，就会不可避免地产生误解。于是你列出了一个在各个国家应该做什么和不应该做什么的清单，并且奉之为神明。似乎这样你就不会犯忌，不会在文化方面失礼，也不会冒犯他人——但是，你仍然没有办法避免前面提到的局面。这是为什么呢？

以前，距离和时间是从事国际商务活动的最大障碍。现在对于计划进行国际化经营的机构来说，距离和时间已不成问题。参与国际商务活动的男士和女士们发现自己在一种多文化环境之中工作，必须巧妙处理各国从交流方式、社会礼节到主要价值观等诸多方面的现实差异。那些具有丰富国际商务经验的人虽然就什么是文化差异给出教科书式的定义，但是当他们碰到这类问题时，他们可以准确地识别出来，而且他们还会认识到自己必须做好充分的准备。毕竟，赢得外国同行的认可，把文化差异转变为竞争优势远不是知道如何得体地接受一位日本同行的名片或避免给一位穆斯林银行家敬上鸡尾酒这么简单。具有不同文化背景的人们会以不同的方式处理信息，奉行不同的价值观，用不同的方式解释时间和空间的概念。

对跨国文化的认识和理解为什么如此重要呢？美国政治家和发明家本杰明·富兰克林（Benjamin Franklin）曾这样写道：时间就是金钱。忙于从事全球商务活动的商人则会补充一句：意识到文化差异、对这种差异具有敏感性也是金钱。能否把握诸如问候礼仪和座位安排等社会文化现象的内涵，决定着国际商务活动能否成功地开展。文化影响着许多重要的私人交往和商务交往的形式，从决策的制定到管理的风格。反过来，民族文化决定着企业文化，影响着公司的内部结构、营销行为及其对国外商务伙伴和合同的看法。在商界中充斥着由于不能克服文化障碍致使“国际”性项目失败的例子。假如你们对忽视文化差异会给商务活动招来麻烦这一说法心存怀疑的话，不妨看看迪士尼公司在法国（即欧洲迪士尼）的遭遇。

米奇先生

把迪士尼游乐园搬到国外，对于米奇先生来说肯定就像是一件老生常谈的事情，没有任何新意可言。毕竟，仅仅几年以前，该公司成功地在日本开设了一家迪士尼主题公园，跨越了日美文化之间的巨大差异。欧洲迪士尼则完全是另外一码事——至少在刚开始时是这样。该公司在一开始似乎就没有做好有关商务谈判风格、雇员的灵活性、穿着习惯、消费者支付模式和饮食偏好等文化方面的准备。迪士尼公司形成了一套在美国和日本这两种完全不同的文化中都运作完好的模式，所以似乎找不出对这套模式进行调整以便适应欧洲的文化特色的理由。

迪士尼进入欧洲的第一天就是一场噩梦。文化情结浓重的法国人得知为了使米奇及其朋友们在法国有个家，政府滥用职权，要帮助迪士尼公司以低于市价的价格买下 1 950 公顷（约为 4 400 英亩）的上等农田时，他们怒斥美国佬的做法是文化帝国主义。祖祖辈辈在这片农田上耕作生活的农民们怒不可遏。法国的报界也开始责骂美国侵略者，公开表达他们的愤怒。在一块地基也没打、一块砖都没铺的时候，迪士尼公司就已经与法国这一地区的人民疏远了，这首先部分是因为该公司低估了在这片土地上生活的法国人的利益。

□ 意识与敏感性

其次，迪士尼公司触及了法国人的敏感地带，因为该公司聘用了律师而不是由其首席执行官出面商谈有关欧洲迪士尼的建设和相关合同的事宜，这也是引发敌意的根源。这实在不是法国人的做事风格。在法国，当一切商谈手段都失败后，作为最后迫不得已的选择，才会聘请律师。法国人认为在所有程序展开之前，一开始就雇用律师是不信任和没有诚意的表现。紧接着，迪士尼公司坚持由其负责运营的饭店应配备喷水灭火设施。按照美国法律，这是必不可少的，但是法国法律对此并无要求，只要备有足够的安全出口、报警器以及紧急情况下有可供使用的水源就可以了。迪士尼坚持安装喷水灭火系统被看作对法国安全标准的一种否定，似乎是在宣告美国标准更好。这一争议使迪士尼与其在法国的伙伴和管理者敌对起来，并且随着报界的大量报道，这种敌意有增无减。

在运营过程中，迪士尼由于对欧洲文化和工作规范了解甚少，碰到了更多的问题。迪士尼公司对自己的雇员完全美国式的整洁穿着颇引以为豪，因此对其法国雇员制定了严格的穿衣守则，规定头发长度不能遮掩面部、指甲的最长限度，甚至还限制耳环的大小等。公司的法籍员工及工会认为这是对法国人日常时尚的攻击，不满情绪逐渐积聚。

□致命的细节

迪士尼在其他一些重要细节上也出现了问题。例如，该公司认为通常欧洲人不坐下来吃早饭。对于上班族来说，这是对的，但在假期里就不是这样了。在这种错误观念的指导下，迪士尼饭店的餐厅客容量很小，到了周末，大概有 2 500人要坐下来吃饭，但是迪士尼的餐厅却只能容纳 400 人，过分拥挤难免要造成堵塞，招致客人的恼火。午饭时间对于欧洲迪士尼来说简直称得上是灾难。美国人游览迪士尼游乐园时，走走停停，不定时间歇，随时用餐；而欧洲人则不同，他们吃午饭的时间就好像是设定好的。结果，公园的餐厅在中午时格外拥挤，因为每个人都试图在同一时间进餐，而其他时间餐厅则几乎是门可罗雀。顾客们抱怨吃午饭排长队，强烈要求能快速进餐。工作人员则抱怨午饭时间超强度工作，而其他时段又总是闲着。最要命的是，迪士尼公司为了迎合“家庭友好”的主题，禁止提供含酒精的饮料，结果这一规定严重侵犯了这个国家的人民，因为他们认为午饭时喝酒是与生俱来的权利。

□好客反招头痛事

迪士尼公司在营销方面也犯了一些小错误。虽然在前一年里，公园的游客人数高达 10 万人，达到了参观人数的最初预期目标，但收入距公司的预计数字则相去甚远。原因是美国人或日本人在游览主题公园时，习惯于狂乱购物和尽情享乐，而欧洲游客在迪士尼公园里则很少乱花钱买礼品。迪士尼公司还发现由于消费模式不同，在饭店里，付账场景简直像一场噩梦。因为欧洲人不像日、美两国人那样在迪士尼饭店住上 3～4 天，他们大多只在饭店逗留一晚。由于有大量的住一夜就走，并且都想在同一时间结账的欧洲游客，这给计算机数量有限的饭店结账系统造成了困难，游客的恼怒就在所难免了。

迪士尼公司美国总部的一位安全分析专家说：“迪士尼不该在细节上犯这么多的错，也许世界并非如此之小。公司因为对文化差异不敏感所付出的代价是浪费了大量的金钱，损坏了公司的声誉。我认为这对其他从事国际商务活动的公司和个人来说，都是一个很好的警示——问题经常出现在文化细节上。这些问题可以成就你，也可以挫败你。”庆幸的是，对于迪士尼来说，结局还算不错。在进行巨大的“文化调整”后，欧洲迪士尼终于不再像从前那样是公司的经济负担。

警示☞

值得注意的是，由于迪士尼犯下如此多的错误，以至于法国政府不愿意让它开设任何商店。法国政府在迪士尼的问题上也要负一定责任。几个世纪以来，法国人声称美国人没有文化，但今天似乎更应该相信美国人文化太多了，不得不对外输出文化。

那么，什么是文化呢？

这似乎很明显，文化就是使日本人具有日本特质、德国人具有德国特质、巴西人具有巴西特质的东西。荷兰著名作家、学者格特·霍夫施泰德（Geert Hofstede）把文化定义为“人类心灵的软件”——操纵着人们的思维方式、行为方式和理解自我与理解他人的方式的社会程序。换句话说，人们的大脑就是运行文化程序的硬件。其背后的含义是文化不是固有的。没有遗传基因迫使美国人继承个人主义和傲慢、德国人继承古板。这些都是后天形成的，是可以改变的。只需调整一下内部程序，你也可以做到像美国人或英国人或科威特人那样思考。不过这只是对那些志在从事国际商务活动的人的一种有益的、鼓励性的说法，听起来容易做起来难。它需要人们去研究，并且带着敏锐的观察力去研究，最重要的是要心甘情愿地研究，并要放弃所谓自己国家的文化高于一切的理念去研究。你什么时候听到过外国同事承认他们做事的方式不如你做事的方式？这种事从来不会发生。在跨文化环境中，“适者生存”是值得人们记取的至理名言。

关于文化，更为正式的定义是：文化是个人或社会的核心价值观、信仰、规范、知识、道德、法律和行为标准。一个社会的文化是一代一代传承下来的，它与语言、宗教、风俗、法律等诸多方面是紧密相连的，也就是说，一个社会的文化、道德、伦理终将反映在商务人士的处事行为之中，影响他们如何经商，如何议订合同，如何处理潜在的商务关系。了解外国潜在商务伙伴或竞争对手的文化背景和思维方式，有助于形成合理的谈判或营销战略。这样，以往看来似乎神秘莫测的东西也变得可以预测了，甚至可以为你所用。

文化的组成部分

从表象观察一国的民族文化可能会令人感到费解，但如果把它分解开来，分析每一组成部分与其整体的关系，则有助于揭开谜底，揭示出人们的行为——包括商业行为——之间的逻辑关系与动机。文化中与商务活动有关的最重要的三个组成部分是：

□ 语言

通常，重要的不是你说了什么，而是那些没有说出口的。

语言不单单指口头上的和书面上的。非文字的交流如手势、肢体语言、面部表情等，都能传递信息。当两个人使用不同的语言，因而被迫雇用翻译时，这种非文字形式的交流是双方通过直接接触来了解对方的唯一方式。若不能理解这种非文字形式交流所依赖的文化背景，那么你就无法理解你的对手，甚至可能传递完全错误的信号。

即便是使用同一种语言的两个人之间，也可能会发生上面提到的情况——正如下面的例子中的美国女商人和英国男商人所碰到的。

“我们在电话里似乎很谈得来。在东欧待过若干年后又能坐下来真正同英国人做生意真是一种宽慰，至少，我们讲同种语言，”这位美国女商人说。“我们的思维方式也差不多，我信任他。”

一切都进展得非常顺利，直到美国人飞到伦敦，和她的英国合作伙伴面对面地签署一项研发协议。他们的第一次会面并不那么愉快。“有些东西似乎不太对劲，”她说，“在做介绍的整个过程中，没有一个英国人甚至包括那位与我通过话的小伙子正视我们。他们很有可能隐瞒了什么。大量的内部讨论之后，我们决定签署合同，但我们中的大多数人仍觉得不踏实。即使随后我们又通过电话，我仍不能把他们不正视我们的事抛到脑后。这件事差点毁了我们的关系，使这笔交易泡汤。”

如果这些美国人能认识到他们和对方之间微妙的文化差异的话，就完全不会有这样的疑虑了。美国人认为在谈判中正视对方代表坦荡和真诚；而英国人则认为盯着别人看是无礼粗野的表现，只有当双方比较熟悉时才能正视对方。“就我个人而言，我还是不能接受，”那位美国人说道，“现在我虽然能理解，但仍不喜欢这一点。”

□宗教

上帝对商务策略的影响力之深，超乎你的想象。

一国文化中占据主导地位的宗教哲学对那里的人做生意的方式的影响比人们所想象的要大得多，即使那个人并不是某种宗教的虔诚信徒。在阿拉伯国家，Inshallala——“如果是上帝的意愿”——这个短语经常会出现在人们的谈话中。尽管上帝对地球上的许多事情缺乏掌控力，但“如果是上帝的意愿”这句话所表达的顺应态度体现在生活的方方面面，从飞机日程安排到商务谈判的进程，几乎无处不在。

让我们来看看下面这个例子：德国一家投资银行的一位银行家被派往越南为当地一家工厂融资。越南信奉社会主义哲学，同时也深受古老的儒家哲学影响，儒家思想强调意见统一，鼓励协调一致。要知道，对现在的越南人来说，去家族的祠堂里燃上一炉香就跟看录像或者是参加当地的共产党会议一样稀松平常。

“对方先是吹嘘他在共产党内部的非凡经历，但是同时又自诩为21世纪商人，熟知西方人的生意之道。谈判看上去好像要拖上几个月，似乎找不到可以做决策的人。”这位银行家说，“我开始失去耐心。他们似乎不懂这笔交易对他们的工厂、对我们的银行以及我个人来说，意味着一大笔钱。我大喊着想把我的想法告诉他们。我挥舞着拳头。我几乎要失控了。几天后，越南人中断谈判，要我离开。我想，他们是典型的越南共产党党员，根本不明白整件事是怎么回事。”

但是，并不是社会主义或者是第三世界的低效率导致了这位投资银行家没能成功完成使命。出现这种情况主要是由于这位银行家没能充分理解儒家思想对越南人观念的影响。在越南做决策是一个缓慢的过程，部分原因是儒家思想认为应该耐心地达成一致。作出决定和谈判一样都需要镇静和耐心。另外，越南人不太尊敬失去耐心（德国银行家的首要错误）或者看上去自私自利的人（德国银行家的第二个错误是过分强调他自己能在该笔交易中挣多少钱）。若能对异国文化背景稍做些准备工作，多一点了解，这位德国银行家或许就能够成功地达成交易。

警示☞

越南人和其他社会主义社会或者是后社会主义社会中的人们一样，不明白买方和投资商要比卖方和寻求资本的人占据更加有利的位置这个资本主义社会的观念。

□ 相冲突的态度

显然，文化价值取向对人们从事商务活动的方式有极大的影响。我们需要考虑下面两大基本价值取向之间的差异：（1）一国文化是强调美国式的个人主义还是中国式的集体主义；（2）社会是任务驱动的——像美国和加拿大那样，还是关系驱动的——像拉丁美洲那样。（第 2 章将对个人主义社会和集体主义社会做更详细的论述。）

体现在日常生活中的文化价值不仅会体现在商务活动之中，而且有时还会被夸大。不能理解文化的基本含义的人不啻于交易杀手，而且他们往往在谈判开始前就已变成这笔交易的杀手了。结果往往是来访的一方直挠头，搞不清楚事情怎么会变得如此糟糕。

加拿大一家消费品生产公司年轻有为的代表在中国曾遇到这样的事情：他被公司派往上海，为建立产品销售和制造网络与对方进行谈判。这项投资高达上百万美元。在接触的初期，中国方面表现出渴望加入的姿态，派出了一支由高级管理层人员组成的代表团访问了该公司的总部，并且受到了公司首席执行官和高级经理们的盛情款待。当公司委派这位年轻的执行官到中国，希望制订详细计划的时候，问题就来了。

这位加拿大人说道，“我从他们的书面联络文件中可以看出，他们渴望做这笔生意，当我到达时，他们像对待皇室成员一样对待我。但过了几天之后，他们的态度变得冷淡起来。他们开始像对待其他外国讨厌鬼一样对待我。他们在访问加拿大和我访问中国的态度上，真可谓天壤之别。我真的无法理解这一点。”当中方一些和此事相关的中层管理者在私下给他解释后，这个谜才被揭开了。对方告诉他，尽管他的资历很深，但是中国方面的高级管理者却坚持认为他太年轻，不能完成如此重任。“在中国文化中，年龄和经验受到高度的重视，中国的高级商务领导者看不起年轻的谈判者，他们不可能把这些年轻人当回事。我这么年轻就被选派到中国，总部忽视了文化差异造成的问题。”

这一损失后来被及时弥补了，交易也成功达成了，原因是加方总部及时派了一位更高级别——也更年长——的官员飞往中国，与中方高级管理层进行商谈。那位年轻的管理者仍负责日常工作，但是非常低调。

警示☞

这一例证表明，双方互相缺乏了解会带来不必要的困扰。中国人也有必要了解的一点是，西方文化奉行能者居上，西方的年轻管理人员与中国的同僚相比，接受了更多的培训，也承担着更大的责任。

文化的其他主要组成部分

熟知文化的其他主要组成部分不仅可以帮助你更顺畅地和外国同僚及合作伙伴进行谈判，而且有助于你和他们建立起更好的关系。这些零碎的部分每一个都会影响到一国或者是一个地区的文化。其中很多浅显的方面，只需读点历史书及当前的出版物或通过观察就能了解到。还有很多有关文化思维方式的经验是可以免费获得的——在大街上——只要你训练自己去观察，并把所观察到的放在合理的背景之下去思考，就可以理解那些文化现象了。

□ 礼节和习俗

礼节最基本的方面包括身体接触在多大程度上是可以接受的，人与人之间需要留有多少有形的空间，正式打招呼的方式是怎样的。以上几个方面，都是你在登上飞机前往不同国家前就应探寻和了解的。

□艺术

戏剧、音乐、文学和建筑风格都体现着某种文化的思维方式，它们为人们更深入地了解该社会的思维模式提供了素材；反过来，又能使你了解与你共事的每个人。人们立场的转变和人们的宽容程度，都可以从当前的流行文化中找到线索。

警示☞

千万别天真地试图认为读几本书、看几部电影就能够断定什么是美国文化、什么是印度文化。千万别犯这样的错误。娱乐业并不能反映真实的世界。

□ 教育

有些文化比其他文化更加重视正规教育。如果你意识到这一点，那么做一个自我推介或者是设计一张名片（注明你的学历和最高的学位），就立刻会赢得人们的尊敬。但如果你在一个对文凭不在乎的文化背景中自夸自己的学历，将会被认为自命不凡、夸夸其谈。了解一个社会对教育的重视程度如何，有助于判断你的商务伙伴如何处理所获得的信息，也有助于你弄清楚在宣讲会或者是营销活动中可能会需要什么。重视教育的社会中的企业也很有可能会对国外商务伙伴所提供的各种专业培训感兴趣。

□ 幽默感

有些社会比其他社会做事更为轻松，对幽默有更高超的驾驭能力。从当地的广告和媒体宣传中，可以判断出一个社会的幽默程度。例如，英国的电视节目中充满了喜剧情景，然而，在德国的电视节目中，幽默风格的东西则相对稀少。这给我们的小提示是：英国人在做生意时可能喜欢插入一些幽默的东西；而德国人则认为生意上的事情需要严肃对待，要把幽默感搁置一边。

□ 社会组织

政府的办事程序、企业的基本组织结构、个人加入组织的倾向，以及这些组织是如何被领导的，都能反映出某一文化的决策过程。反过来，了解这些情况能使你更明白商务决策的制定过程是怎样的，更清楚你的对手在谈判中有多大的自主性。一个高度结构性的文化通常意味着需要更长的决策时间，谈判对手的自主性也更少。

文化会演变吗？

一个社会的文化不是一成不变的，它是不断发展和创新的。一个社会的某种文化传统可能会保持不变，但这个社会的忍耐程度、行为规范和信念的确在变。在一个社会中，十年前被禁止的行为现在可能已被接受并变成一种普遍的行为。近年来，商务文化领域最激烈、最显著的变化可能当属莫斯科的经历。与此同时，在日本，人们看待商业和雇佣的观念和传统——这是几个世纪以来该社会的特殊文化标志——也正在发生越来越大的变化。

□ 莫斯科的经历

仅仅20多年前，在苏联，中央政府是商业活动的代名词。政府拥有一切，大到兵工厂，小至零售商店。现在，该国的私有化过程已经结束。多达12万家国营企业被私有化，其中包括75%的加工厂、85%的批发和零售贸易公司。新的百万富翁伴随着新的穷人阶层的出现而诞生。

如今，俄罗斯人在市场经济条件下形成的“自食其力”的观念，以及在各个大城市中迅速蔓延的一些新的思潮——特别是有关“金钱”和“性”的思潮——都是和苏联解体以前人们奉行的准则背道而驰的。1991年，几乎是在一夜之间，苏联保持了70年的社会秩序转眼间就消失了。以前曾被认为犯罪的活动——比如经济投机、财产的私有化——现在都变成受人称赞的行为。独立思考和独立行动的能力，这些以前在古代俄国被禁止的东西，现在则成了人们获取成功以及实现生存的要素。很难见到哪个外国商人在俄罗斯做生意时不曾碰到一些难题。这些变化给人们造成的困惑、给社会带来的混乱，并不一定意味着俄罗斯私有化的失败，而只能说明私有化对他们而言是一个新事物。

那些有机会涉足商界的人被看作新的精英阶层，他们替代了靠津贴过活的知识分子——这些知识分子在以前曾是“富人”。作家、教授、思想家曾过着令人陶醉的生活，他们曾是光顾进口品商店、出入乡间别墅并受国家尊敬的群体。今天，这些人几乎处在社会的底层。

“俄罗斯发生的剧变不仅限于经济领域或市场体系。这是一场结构性的、独具俄罗斯特色的俄罗斯文化变革，”一位在莫斯科居住了30年的意大利商人说道。“这是对文化的一次彻头彻尾的冲击，甚至是对语言，对一些什么是善、什么是恶的基本概念和观点的冲击。俄罗斯的价值体系已经发生了变化；受过正规教育——在欧洲的大学取得工商管理硕士学位除外——曾经是赢得尊敬和物质财富的通行证，如今也发生了变化。现在，令人羡慕的不再是作家或舞蹈家，而是商人，”她说道。

“我曾经在俄罗斯居住过几十年，潜心研究过的俄罗斯文化现已消失，坦率地讲，莫斯科已变得和其他欧洲国家没什么两样，麦当劳也已进驻俄罗斯。”

□ 在日本，“时代也变了”

今天，没有哪个国家可以避免受到世界经济全球化带来的冲击。在日本，曾植根于义理人情（girininjo）——尊敬、忠诚和重感情——的一些商务和雇佣观念正在逐渐西化，或者说在全球化。在日本，最流行的管理术语是“能力”。工人们不能再仅仅凭借他为公司工作的时间、资历和年龄（这是受儒家敬老思想的影响）就得到提升。相反，在许多商业和工业领域，能否得到提升取决于你的业绩和技能。尽管这一度是亚洲以外的资本主义国家的衡量标准，但这的确是发生在日本的新的根本变化。

变化的第二个表现是：小零售商逐渐消亡。日本的人口只有美国的一半，但是其零售商的数量却是美国的两倍，这些零售商是日本经济结构的支柱。尽管它们效率低下、出售商品价格较高，但日本的消费者长期以来一直支持本地商店，他们甚至会从这些小商店里购买高价商品，比如烤箱、冰箱等，这一举动背后的主要理由是传统的“义理人情”。现在，连这些观念也变了，人们更多地转向新的超级市场或以折扣价销售商品的大型零售批发商店（从欧美引进的概念）。结果是大量小零售商店倒闭。这个变革的时代中另外一个比较微妙的现象是：年轻的日本员工越来越不情愿佩戴能识别其工作单位、曾让他们引以为荣的公司徽章。这种不情愿表明，年青一代正在开始背离老一代的传统，至少在就业预期方面是这样。日本最少有三家非常知名的公司——东京银行、三井公司和三菱公司——已经停止发放徽章，也不再将佩戴徽章作为工作制服的一部分来要求员工执行。

自第二次世界大战结束以来，日本人给全球各国的人们留下的印象是工作狂，他们对工作和公司十分忠诚，这一点现在也开始发生变化。电通学院人类学研究所（Dentsu Institute on Human Studies）提供的一份报告显示，与亚洲其他文化相比，日本人对工作的痴迷程度已经远不及中国人和泰国人了。只有28%的日本工人认为“自己是为工作而活着”，但是有74%的中国人、70%的泰国人、49%的印度尼西亚人以及48%的印度人是这样说和这样做的。

“我们目睹了日本人在工作和商务文化方面出现的一些非常微妙但至关重要的转变，”一位经常到日本旅行的美国企业管理者说道，“虽然各种商务文化存在着很大差异，但全球范围的竞争影响着日本的企业和商务文化。政府的管制不再像以前一样保护着日本的企业，这些日本公司要参与竞争就意味着它们不得不具有一个可行的成本结构。公司不能再雇用那些不讲效率的员工，也不能继续奖励那些并不能提高生产力的人。许多日本人看到这种情况很难过，但是他们也认识到这就是摆在日本人面前的现实，因为日本是全球的一部分。”

□ 一个相反的观点

人们在进行国际商务活动时，是否会夸大商务文化差异所带来的影响？这是典型的顾问骗局吗？这些顾问是否通过夸大文化差异在商界的决定性影响，捏造根本不存在的问题，制造妄想狂，然后诊治妄想狂，从而为自己谋取经济利益？

一谈到国际商务，文化差异就成为人们通常会为自己的退却所找的一个借口。确实存在公司或个人没有看透所谓“文化差异”不过是个借口，错失寻找失败的真正根源的风险。一名来自欧洲的商务顾问曾讲过一位亚洲制造商在东欧开办一家小型电器加工厂的故事。这家工厂产品质量差、生产力低下，因此只维持了大约一年的时间就易手了。“对此，这家公司的经理给出的解释是，问题主要出在亚洲和东欧在文化和职业道德标准上相差太多方面。工人无法理解公司的信息和政策，”顾问说道。但事实是这位经理与工人之间的沟通工作做得非常糟糕，他对工人十分不尊敬。这是一个简单的交流方面的失败案例，并不是跨文化交流的失败。这位经理即使是在本国设厂，并雇用本土工人也同样难逃失败的结局。这位经理的故事并不是跨文化经营失败的例证，而是一个在任何文化当中都会失败的例证。

□ 证据

这位经理被替换下来，同样是从母公司派来的一位工作人员，在18个月内，建立起了工厂，而且产量和质量都让人感到惊喜。从这个例证可以看出，有些人自觉不自觉地为自己某方面的失败寻找借口，无端夸大了文化的差异。当我们看同种文化中某人的行为时可能并不会特别在意，但当我们看来自另一种文化中的同种行为时，我们就会莫名其妙地用深奥的文化差异来解释它。

用文化差异来解释国际商务中的所有问题是十分荒谬的，但如果否认真实和深奥的文化差异的存在，并否认它给全球商务活动带来了很大影响，则会走向另一个极端。文化差异确实存在。忽视它的存在，你将面临失败的风险；而夸大它的存在，同样也会有风险。

对付文化差异的方法清单

差异的存在是一个不争的事实。我们只能接受它并不断改进。不同文化的优先权和观念有所不同，对一个事件，你认为合理的或合乎逻辑的反应，对来自另一文化的人来说可能恰恰相反。你认为重要的细节在别人看来也许是无关紧要的。

- 一个人被引入某种与自己的习惯不同的文化时常伴有畏惧和缺乏信心的心理。不要让这种情绪支配你的商务行为。努力克服它们。
- 你同来自不同文化环境的人打交道时可能感到的不适经常是两方面的。别认为对方就轻松自在、对一切都满意。
- 改变你的期望。你可能需要根据情况提高或降低你的期望值。跨文化关系的性质是复杂的。进展顺利与否直接与文化的相似性有关。
- 保持一颗坦诚、开放的心。并不是贵国文化中的每一个方面都是最好的或最有效的。
- 不要忽视对一种新文化作一些正式的研究，以增强你的理解力。语言是很重要的，但亲自实践仍是学习另一种文化的最好方式。
- 文化意识是在不断学习体验的过程中获得的。你不可能在一天、一周甚至一年内学到所有的东西。
- 要做好别人会按成规看待你的准备——至少起初是这样——进而做好对付成规的准备；成规经常是极具效力的，否则它就不会存在。尝试根据每个人的不同点来看待他人，毕竟总会有一些德国小丑、美国保守派和有坏毛病的不列颠人。要注意，成规也有例外。

对付另一种文化

一位在 20 世纪 70 年代末 80 年代初走遍了整个非洲的英国记者掌握了在那片大陆上对付数不胜数的文化差异的法宝。他说："永远不要感到恐惧——尽量讲当地语言。""西非一定能再赢（WAWA 或 West Africa Wins Again）"这句特别的话，在像尼日利亚这样的国家——在那里，似乎没有什么是正常运转的——好像特别适用。如果你的航班几天前被取消了，但是没有相关工作人员告知你这一点，反复地说“西非一定能再赢”对你接受这种文化差异以及避免更大的麻烦显得至关重要。记住这句话——然后不断从实践中学习。

人们更多地强调各种文化的差异而不是其共同点，把文化差异看成威胁性的、负面的东西，而不是创造解决问题的机会，这很容易使人陷入圈套而不能自拔。记住，只要应用合理的思维方式，任何人都能成功地对付各种跨文化的关系。你必须做的就是清理你的大脑“磁盘”，重新为自己设定做事流程。

警示☞

与以上例证相关，如果尼日利亚政府想要吸引外国投资和资本，它就应努力补救该社会的低效所带来的问题。从长远的角度看，只抱着“西非一定能再赢”的态度，是不行的。

宗教和伊斯兰银行

近年来，伊斯兰银行又重新焕发生机，并在中东和亚洲部分地区获得了广泛的接受和认可。在国际商务场合中，伊斯兰银行是少见的宗教哲学支配商务关系的领域之一。伊斯兰银行目前在全球范围内运作着 1 000 亿美元的资产，并且在 20 世纪 90 年代，其资产以每年 10%以上的速度增长。一些大的西方银行如美国花旗银行也在伊斯兰国家设有分支机构。

伊斯兰银行的金融产品和服务都是以利润分享原则为基础的，目的是不违背伊斯兰教的禁令。伊斯兰银行的主要特征是《古兰经》(*Koran*)——伊斯兰教的最高教义——禁止它们支付利息。通常，伊斯兰法律要求风险由金融家与企业家共同分担。伊斯兰学者们认为，伊斯兰银行业的理念会使收入和财富的分配更加公平，让更多的普通人参与到经济活动中。伊斯兰银行既不会定期地向存款人支付预先定好的利息，也不向借款人按预先定好的利率收取利息。相反，它们会计提一份利润（或者损失），这些利润（或损失）由存款人共同分享或分担。伊斯兰教允许利润共享而不允许利息存在，是因为利润分配比率而不是回报率本身是预先设定好的。

□ 经济秩序

伊斯兰银行是中东学者们所说的伊斯兰经济秩序的一部分——伊斯兰经济

秩序主要建立在《古兰经》的教义的基础上。伊斯兰的经济秩序试图建立一个以公正、公平和节制为基础的社会。所有的活动必须与 Shariah——伊斯兰教的法规相一致。根据 Shariah 的要求，人类的全部资源必须被适度使用，任何人包括政府都无权囤积、浪费或任意搁置资源。

伊斯兰银行主要依赖四种基本技巧来保证经济和商业的运行，它们分别是 Murabaha、Musharaka、Ijara 和 Mudaraba。

其中，最常见的是 Murabaha，即基本的成本加成型融资。该操作涉及一个银行、用户和商品购买者三方签订的合同——其中销售商品带来的毛利水平要经以上三方共同认可。大多数伊斯兰银行的运行都依赖 Murabaha。

Musharaka 简单来说就是合伙交易，在这种交易中，各方面共同努力取得融资，并根据产权和投资比例分担利润和损失。

Ijara 是一种租赁协议，其中，银行购买或租赁设备或其他资产，然后再转租给商业业主，并向其收取费用。

Mudaraba 是一种两方协议，其中一方提供 100%的资本，而另一方负责管理和经营企业。利润根据预定的比率分享，损失只由出资人承担。

□ 伊斯兰银行业的规则

有关伊斯兰银行融资的规则十分简单，可以总结为如下几项：

- 禁止支付预先设定的超过本金数量的额度。
- 贷款人必须分担借款企业的盈利或亏损。伊斯兰银行鼓励伊斯兰教徒把钱用于投资或成为合伙人来分担盈利与亏损，而不作为贷款方。按照银行业术语，储蓄者、银行和借款人都应该分担融资的风险及回报。这不同于让借款人承担所有风险的、以利息为基础的商业银行体系。
- 复利的做法在伊斯兰银行是不允许的。钱仅仅是交换手段，其自身没有任何价值，所以不能通过支付固定利息使钱生钱。人类在生产性的冒险事业中投入的努力和首创精神要比用钱来融资更为重要。
- 禁止 Gharar（投机或不必要的冒险）。在这种限制下，任何交易仅存在与正常商业发展相关的风险。签署合同的各方都应充分了解旨在进行交换的交易结果的负面效应。
- 任何投资只限用于支持不被《古兰经》禁止的生产活动或产品。例如，伊斯兰银行不为酿酒厂或赌场提供融资。

第 2 章 基本文化类型

文化的伟大法则是：让每个人生来就有能力在这个世界生存。

——卡莱尔·托马斯

怎样定义人和文化对商务实践产生的巨大影响呢？日本人总是把集体的目标和需求放在个人的目标和需求之上。对他们来说，成为典型的美国英雄——通过快乐、自负地追求领袖地位而实现了自我的男男女女——并不是一个理想的选择。在日本，个人让位于集体，所有决策都是在集体一致同意的基础上制定的，集体的和谐是迫切需要的东西——这一点外来者并不认同，但日本人绝对不会说自己是错误的。一位荷兰研究者、商务顾问格特·霍夫施泰德提出了一个有益的研究框架，这个框架阐明了定义和界定各国民族文化的特点的四个主要方面。这四个特点中的每一个最终都会对人们如何处理信息、如何相互作用——不管是私人之间还是商业伙伴之间——产生真正的影响。

1. 个人主义与集体主义

一个社会是否珍视无教养的只顾自己的个人主义者？是否珍视善于独立思考的人？是否珍视重视个人成功超过团体成功的人？是否只有把自己的需求让位于集体，社会才能有序运行？一个社会所信奉的社会准则将决定个人如何定义他（她）自己，是作为一个自由的个体，还是集体、组织或公司的一员。一旦弄懂这些最基本的、有关社会文化价值的问题，你将会得到一个重要的启示，懂得将来如何成功地进行商务谈判，理顺商务关系。

依赖于集体主义思维方式的社会珍视一致性，并且试图通过外部约束——羞辱或者从集体开除——来控制个人的行为。“枪打出头鸟”这句俗语长期和日本社会联系在一起；“冒尖儿的草苗先被割掉”这句影响着前苏联人对不要做哪些事的看法的话，也是其集体主义的社会立场的深刻体现。这两句话都表达了同一个意思，那就是这些社会对超越集体的个人成功是不能容忍的。在追求集体主义的社会中，集体的压力控制着人们的行为，而在以个人主义为导向的文化中，人们的行为取决于自发的约束力，即自责。

集体与个人之间的这种对立对商务活动的实际影响显而易见。在以个人主义为主流的文化中，决策更加迅速，但在涉及政策调整的时候，比如实施一种新的生产流程或执行新的企业道德准则方面，却明显慢于集体主义文化。其原因是：在一个珍视个人主义的社会中，工人们会对新的做法提出质疑，在他们搞明白这样做会对他们个人的利益产生怎样的直接影响之前，他们是不会签字同意的。诚然，在一个集体主义的环境中，达成一致意见要花很长时间，但是一旦意见一致，执行起来一般要快得多。让个人利益服从集体利益、认为自己是组织的一个有机组成部分的人不会提那么多诸如“这对我有什么好处”的问题，甚至根本不会提任何问题。既然每个人的思维方式都一样，那么对我个人而言，遵从一致就是最重要的。

□ 钱如潮水

还有其他一些个人主义与集体主义的思想对国内商务文化产生不同影响的例证。以对总经理报酬的态度为例。在高度信奉个人主义的社会中，如美国和南非，总经理的年均薪资水平与流水线上的一般工人的年均收入相差悬殊，但是在像日本这样信奉集体主义的社会中，两者差距不大。在美国，总经理的收入是一般制造业工人收入的28倍，在南非是24倍。但是在日本，企业最高管理者的收入只是普通工人收入的10倍。美国高级管理者是用收入和额外津贴衡量自己的成功的；日本的企业管理者则是通过公司的总财富和全体雇员的满意程度来衡量自己是否成功的。在日本人的概念中，公司总经理的角色要追溯到幕府时代的将军，他们并不直接从事商务活动，而是鼓励下属去这样做。统治者过着勤俭的生活，把管理他们国土的事务交给下属来办理，这有点类似于现在日本企业首席执行官的理想模式是把公司的日常商务事务委托给经理来办理。在奉行集体主义的文化中，每个人和社会其他人相比都有一个社会地位的问题，每个人都根据自己所处的社会阶层承担相应的职责。利用自己的地位去攫取经济利益是可耻的。这种古老的社会规范是大多数日本商业组织的立足之本。

□ 以诚相待

阿拉伯社会——在那里，集体主义占据主导地位——的大多数企业都很重视雇员的忠诚度，忠诚甚至比效率更重要。有一位英国顾问对一家沙特阿拉伯私营照明设备制造商进行考察，以便分析公司上市后雇员是否可能对公司更加忠诚。

“如果他们想让公司上市以及引入海外资本的话，公司的股东们面临着一些艰难的选择，”这位顾问说，“工人们变得人浮于事，一点效率也没有。每个雇员的人均收入和产量不明不白地降低。当我向企业的所有者说明这种情况时，他们只是耸耸肩。‘我们无能为力，大多数雇员在我们这儿工作了多年，’他们说。”

“他们回避谈论对下岗和开除工人的看法，他们的解决办法是：全面削减收入，同时减少工作时间，工人们理解这一点。没有人报怨，甚至有人还感激老板能保住他们的工作。我惊呆了。”由此可见，在一个高度集体化的文化中，聪明的办法也许是将所有工人的工资降低而不是让个别人下岗失业。工人们本身也想要这种解决办法。这一例证很好地显示了在不同文化的思维方式下，解决失业问题的办法也可能是不同的。这一点应该引起跨国公司和一些外派经理的注意。

2. 权力距离

这一文化范畴描述的是在一个社会中个人如何看待权力，从而更进一步地，如何看待自己在决策中的地位。在近权力距离的文化中，每个雇员在制定决策的过程中都扮演了一定的角色，都会对每一项他们根本就没有参与其中的决策或命令提出质疑。相反，在远权力距离的社会中，雇员在决策过程中往往不扮演任何角色。他们接受老板的决定，仅仅因为老板就是老板，他们就是决策人。在远权力距离的文化中，雇员需要指示和纪律，他们依靠管理者提供一切。在近权力距离的文化中，雇员愿意承担责任，他们本质上更加个人主义。

在远权力距离的文化中，经理们不可能微观管理雇员。但是，在近权力距离的国家，经理们要做好为每一项决策作出解释说明的准备，因为那里的工人们期待你为自己辩护并寻求他们的支持。在远权力距离的文化中，经理很少期待雇员个人的首创性。

□ 谢谢，但不用谢

俄罗斯人尽可能回避责任的原因与其固有的工作伦理或性格毫无关系，而主要应归咎于过去80年来的主流文化，即集体主义。苏联曾经实行的计划经济把决策权交给一小部分由政府经营的公司或部门的高级官员们。如今，尽管俄罗斯正朝着市场经济转变，但权力向普通老百姓下放的速度仍旧非常缓慢。此外，俄罗斯还具有远权力距离文化的另一个典型特征，那就是许多雇员根本就不想要决策权。

“一旦被分配了某一特定的任务或目标，大多数俄罗斯人会以坚定的决心完成任务，”一位在莫斯科服务业公司工作的美国经理说道，“但是，证明某个员工所扮演的角色和所完成的任务与整个公司的前景和成功休戚相关的任务，则落在了管理者的身上。要想将员工纳入到决策制定过程中来，让他们感到自己与公司利害攸关一直都是一件非常困难的事情。这对雇员来说是从来没有过的经历。要想说服他们接受这种做法可能得花费一番工夫，但是我希望这种努力是值得的。”但是，我们可能会怀疑，这位美国经理是否明白，他正在试图从根本上改变俄罗斯的文化基础，而不仅仅是改变员工的工作场所。

当一位来自近权力距离文化的观察家在访问奉行远权力距离文化的社会时，有必要记住下面这个事实：人们在从事商务活动时所展现的地位和礼节在远权力距离国家显得更重要。因为这种文化对权威及其在一个组织中的地位很重视，因此来访者的头衔及其在该组织中的地位决定着这个人是否被认真对待或值得引见。

警示☞

即使在成为某种民族文化的特色的情况下，权力关系在该国的各个公司中也不一定具有同等的重要性。

3. 不确定性规避

一位瑞士同僚经常会讲一个笑话，他认为这个笑话很好地体现了瑞士人对不确定性规避的态度。从日内瓦机场到市区的大巴和出租车上会重复地广播如下通知："欢迎来到瑞士！希望您在这里度过一段美好时光，但是请记住，在瑞士，凡是强制性的行为都是被禁止的。"这个笑话可以告诉我们，为什么瑞士在高不确定性规避——这是一个社会对模棱两可和不确定性所采取的措施——的国家名单上名列前茅。虽然瑞士人以喜欢规避风险而举世闻名，但是他们的邻居——德国人或许才是规避不确定性的鼻祖。德国人很讨厌不确定性，以至于他们制定了一整套法律，以便当国家的其他法律都失效时投入使用。显然，德国人深知他们的规章制度多少有些累赘，也很清楚他们的文化使用了多少规则和强制性行为来避免任何不确定性。

不确定性规避的文化在所有社会的工作场所随处可见。以日本人为例，他们规避不确定性的一个体现就是，放弃个人自由和工作流动性以换取终身雇佣制的存在。（事实上，日本近年来的经济衰退在某种程度上正侵蚀着这种社会契约，导致了社会学家所说的与规避不确定性的社会需求直接有关的国民忧虑猛增。）对不确定性规避不那么看重的社会，总体上对成功的重视超过了对安全的重视，显示出一种结构性不强的松散自由的管理形式，与高度奉行不确定性规避立场的国家相比，针对工作所制定的规则也更少。正像我们所设想的那样，那些不太看重不确定性规避的国家具有较高的就业转换率和工作流动性。

□ 变化是有风险的

美国是典型的冒险型社会。这有助于解释为什么美国的管理者哪怕在至关重要的会议前也很少做些正式的准备，而喜好临场发挥，依赖智慧、吸引力、敏锐和独立思考来支撑一天。这同样有助于解释为什么一个日本经理精心准备——甚至穿上全部服装排练——也不过是为了参加同样的正式会议。日本人或许能够针对某个问题或产品等给出一个结构框架很完整的介绍，而美国的管理者则更有可能去处理问题、在中间插话或改变议事日程。

警示☞

日本公司实际上会花钱雇人来阻止有人在股东大会上打断发言人，而美国的管理者却以自己有能力控制混乱的会议为荣。这种应对风险和突发状况的能力，被看作西方国家整体来说比其他地区在经济上更成功的原因之一。

关于不确定性规避的影响，在跨国公司对工作流程进行重大调整的过程中，经常可以看到。非常容易理解的是，人们对变革的接受程度以及向员工提供保证、进行解释的必要性，会因为一国对风险规避的态度的不同而不同。那些工作在奉行高风险规避文化的社会中的人倾向于抵制变化，面对新思想、新流程会感觉受到威胁。

“我都不敢相信。我们之间好像有时差似的，”一位受雇于一家大型跨国公司的英国会计师说道。“当我走进我们在法兰克福的办公室时，发现他们的流程比我们英国公司的流程滞后了 5 年。我们知道他们对我们的新会计准则有抵触情绪，但毕竟他们还是在法兰克福把工作完成了，虽然慢了一点儿。我也没准备要听他们的解释。”

德国公司会计部门的经理对新系统感到不适应，并命令员工去做两套账——一套延用旧的系统，一套采用新的系统。“他只是说他很紧张，害怕新的系统不奏效，他的职员也很焦虑，害怕他们会因为犯错误而被指责。他的解决办法是避免风险，记两套账。我发现这很特别，”这位英国会计师说道。

□ 评估风险，减轻恐惧

来自低不确定性规避文化的谈判者和职业销售人员对付来自高不确定性规避文化的人需要改变战术，强调最佳结果。规避性强的人喜欢听到有关公司长期以来的口碑、技术的改进——不一定是全新的技术——以及稳健的财务表现等信息，这一切都可以向他们证明公司将会存在下去。此外，规避性强的管理者更愿意听到有关公司管理持续性和管理风格的话。

诚然，当你不得不应对推崇在风险中成长的文化时，你将需要根据他们的要求介绍公司的创新、营销、投资策略等，这些都是与日常商务文化有关的话题。风险越高，潜在利润也就越高。你所做的任何让高风险规避类型的人高兴的事，都会让敢于冒风险者认为你是在阻碍商务的发展。要依情况制订计划。

4. 男性还是女性

这个问题既针对社会价值又针对社会态度。尊崇“男性”的社会更崇尚挑战性、宣告性，同时更重视物质财富的获得。而“女性”文化珍视人际关系、生活的质量重于获取物质财富的数量，女性更愿意向不太走运的人表示同情。

在女性发挥更大作用的社会里，商务活动的进程相对来说趋于平缓。商务活动更多是建立在人际关系的基础上——朋友与朋友之间做生意——而不仅仅是单纯地讲究效率和书面合同。来自女性文化的商务人士往往更保守，与来自男性占据主导的社会——在这样的社会中，成交、一笔交易的敲定、下一个季度的财务状况远比建立长久关系更为重要——的人相比缺乏时间紧迫感。在男性文化中，成功是每个人所追求的，一个人要么成为领导者，要么就服从别人的领导。不管你是成功了还是失败了，都是你自己行动的结果。男性社会远比女性社会更注重商业效率，人们计划的更多的是如何去享受退休后的日子而不是目前的工作日。

男性或女性特征占据绝对地位的社会在现实中很少见。更多的情况是，一个社会的构成处于这两种极端情况之间。政府是表明社会依赖于男性还是女性的指示器。一个政府如果推行综合的社会福利体系，表明这是一个高度的女性化社会，因为它对那些被压制的人表示同情。当一个政府远离高税率和高福利体系时，那就可以说它展示了男性社会对责任所体现的态度。

警示☞

虽然说一个高度成功的经济体从本质上讲显然是奉行男性文化的——或朝那个方向发展——但这并不代表只有男性政府官员才能对经济作出贡献。只要回顾一下玛格丽特·撒切尔夫人的政策就能消除这一观念。

时间：多时间性与单时间性

文化也支配着个人在一个社会中如何处理信息，将什么排在优先位置，如何安排时间及如何与人交往。例如，美国人常把那些不够聪明的人描述为不能边走路边吃口香糖的人——暗指那些不能同时完成两项任务的人是有缺陷的。奇怪的是，当你把美国人与来自亚洲国家的人相比较时，似乎美国人更像是不能同时做两件或更多事情的人。让我们看看中国的企业管理者，他们可以在讲电话的同时给另一个同事写便函，然后继续听一个来访的商业人士讲话，而且看上去没有漏掉任何一个环节。中国人被看作高度多时间性的典范，他们能——也愿意——同时完成多项任务。

对于一个来自单时间性社会的人来说，时间是用来安排自己生活的，决定什么事优先做，拟定一个有步骤、按时序行动的计划，一次只会见一个人。美国人以及来自大多数西方国家的人都是单时间性的。他们认为时间是线性的，因为时间是有限的，所以应该高效地加以利用。他们制订计划并且严格执行。

大多数多时间性社会相信时间是循环的，因此也是永恒的。这辈子没有做完的事，下辈子可以接着做。时间是用来尝试完成摆在你面前的事的，无论以何种顺序都好。在这种社会中，有效性并不像程序那样重要。多时间性的人很少制订计划，按照计划执行的时候就更少了。

一位来自挪威的外交家回忆了在泰国访问期间，当他和一位政府官员在一家很高档的饭店共进午餐时，他感觉自己被一种非常无礼的行为冒犯了的经历。

"他的手机在吃饭期间至少响了五六次，而且其中几次通话时间很长。其间，一位自称是政府部门的会计的人来到我们桌前讨论与商业活动完全无关的事。最后，这位官员的另一个同事又加入到我们中间，一起喝咖啡。我真的生气了，我认为他在午餐期间没听我说一个字，"这位外交官说道。

"经过若干次到泰国旅行后我才得知，这是泰国人经商惯用的方式。这种社交方式似乎不那么令人愉快，如果是做生意，显得有点乱。但是令我震惊的是，尽管被打扰了好几次，在这次午餐之后，这位对手却能复述我所说的内容，而且几乎可以逐字不漏地复述。这给我留下很深的印象。"

警示

读者应当注意的是，这位外交官之所以会得到如此的待遇，并不仅仅因为这是亚洲人利用时间的一种方式。这同时也是要变相提醒这位外交官，谁才是占据主导地位的一方。南美一些国家的人们会采取同样的做法，也是出于同样的理由。这两个地区经济的下滑以及外国资本的流出，要求那里的人们重新评估这种形式的文化权力游戏。

高调与低调

来自不同文化的人们以不同的方式处理和传递信息。奉行低调文化的人在交流中更讲究精确性，他们会提供大量细节、推敲措辞以准确总结一个事件。他们假定自己与交流的人共有的知识和信息比较少，在相互交流时感到有强烈的愿望和需要去解释大量细节。低调文化，如美国、英国和斯堪的纳维亚国家的人们注重所说的内容，而不是谁在讲话。形体语言、手势或面部表情即便不是完全被忽视，和所要传达的信息本身相比也是次要的。在这种文化中可以成功地用信件、电话、传真和电子邮件处理商业事务。双方无需直接接触就能把事办妥。

高调文化则正好相反。交流倾向于不精确，注意力不放在信息本身，而是更加关注传递信息的那个人。在高调文化中——大多为拉丁美洲、亚洲、中东和非洲国家——在商务活动开始之前，人与人之间的交往至关重要。这里的人们需要尽量多的辅助性信息。他们比来自低调文化国家的人更注意自然环境，更注意商务伙伴的穿着或发型、总体的谈判氛围等。形体语言、面部表情、声音都是交流的重要手段。在会议或者商务宴请过程中，自然环境和谈话的内容是同样重要的。

警示☞

低调文化在商业活动中倾向于依赖一个强有力的法律体系，而很少把人与人的交往作为商业事务背后的驱动力。具有法律约束力的合同可以帮助人们更有效地利用时间，增加潜在的交易机会。

关系驱动 VS. 任务驱动

虽然说这种划分更多的是与一个社会的商务文化有关，但是其对整个社会来说仍然具有一定的内涵。文化，特别是与商务有关的文化，或者是关系驱动型的——它在霍夫施泰德的理论中被划分为女性文化，或者是任务驱动型的——它在霍夫施泰德的理论中被划分为男性文化。弄清楚你潜在的商务伙伴属于哪一种文化，将有助于你考虑优先展示哪些方面，使你相对准确地估计完成一项交易大约需要多少时间。

任务驱动型文化通常是低调文化，而关系驱动型文化一般是高调文化。当你给一个来自任务驱动型文化的人作推介时，最受关注的是与产品和服务相关的价格、质量和保障措施。双方在第一次见面时就能商定一笔交易。当你和来自关系驱动型文化的人交往时，如果一上来就作产品推介，那么你注定会失败，除非你与他们已经建立了良好的人际关系。尽管你的产品可能是自从车轮发明以来最伟大的东西，但是在你得到对方信任之前，你无法使这个产品得到他们的承认，直到你“出售”了你自己，否则他们不会认真倾听你对产品的任何介绍。

相反，在任务驱动型社会里单纯依赖友谊是不管用的。要想让你的友谊不至于遭受挫败，你的产品介绍和交易细节等材料一定要准备好，而且要切中要害。

未来的概念

每种文化内部都有一个钟。对于某些文化，钟的滴答声很响，它能促使人行动；而另一些文化，钟的滴答声则慢一点，它更多的是充当表演的舞台而不是助推器。有的人随时间移动，他们不受时间的控制。一种文化怎样看待时间和时间范围，在商务关系如何形成和合同如何谈妥中是至关重要的。

有些文化比其他文化更强调“过去的时间”，珍视传统的延续和习以为常的行为（中国人就是这种文化的很好例证）。而另外一些人，比如美国人，则更多地注重现在，并对未来有自己的看法。他们在时间方面的视野相对较短——比如下一个商务季度——并且他们为不远的未来作计划，而不是停留在过去。他们珍视速度而不是忍耐。

最后，还有些文化把时间看作朝着未来的延伸。例如，日本人在珍视传统的同时，对时间延伸有着更全面的认识，并觉得自己在一个很长的历史连续统一体中漫游。在商务活动中，他们愿意以短期的损失换取长期的收益——倾向于以较慢的步调推进。他们的商务计划常常包括细节性的长期方案，那些方案实施起来可能需要几十年的时间。时间是商务关系的真正衡量器，你根本没有办法迅速征服日本商界。

□ 时钟的滴答声

对时间的认识这一问题所具有的现实含义是很清楚的。当一家着眼于现在的公司与一家着眼于未来的公司做生意时，双方在时间框架方面存在的冲突会引起关系的紧张，问题的症结是：一方强调清晰可见的目标，而另一方则强调可以达到多种目的的策略。着眼于未来的一方会感到来自着眼于现在的团队的压力，因为这个团队的人会因把事情办得利落而自豪。

一位来自美国阿拉斯加渔业罐头制造公司的管理人员说：“我们正在调研是否要与一家日本公司合资在俄罗斯远东地区组建一家渔业公司，俄罗斯船队的设备年久失修，适航性较差，但稍加修理，这些船就可以使用。我们估算了一下只需几百万美元，经过一段时间修理后，我们就能让这些船出海捕鱼了。一两年内就能盈利，投资少、见效快。但日本方面的负责人就有完全不同的说法：‘不断地修理这些船，又不知何时能捕鱼，有什么用。这些鱼在我们来之前就在这儿的海洋中，而且我们走之后还会长久地生活在这儿。采用新的设备，将来的利润是十分可观的，而且这些设备将在更长的时间内给我们带来回报，当然，前提是我们能制订一个合理的计划。’我不赞成他们的看法，但我理解。最后，我们撤出了这次交易。我们的公司就是不情愿等十多年才见到收益。”

警示☞

并不是所有日本人处理每次交易的方法都受时间概念驱动。喜好自夸的日本公司在20世纪80年代和90年代初期投资很少（少于2%），而美国人的投资是日本人的3倍多。但是日本人可以花上3倍于美国人的时间等待一个项目盈利。只要财务指标没问题的话，耐心就不是什么问题。

准时

人们对时间含义的哲学理解，表现在实际中则要么是准时（你最近一次听说德国商人开会迟到是什么时候呢），要么是没有太强的时间观念、比较随性（如果来自尼日利亚的商人准时出席会议的话，很可能是因为他把议程搞混了）。凭经验来讲，单时间性社会珍视准时性；而多时间性社会则对准时性富有矛盾心理，只有被用于多时间的目的时，他们才会准时——比如，结算日。任何文化中，对于所有专业人员，我们建议他最好准时。

警示☞

一些个人和社会相信“权力使你等待”，并将迟到作为显示谁控制整个流程的一种手段。这只适用于买方或投资方。如果卖方常常迟到，只会面对没有消费者的空房子。

时光流逝

□ 全球时间灵活性的例证

● 当你要求南非人做点事情时，他们可能给你两种答复——这两种答复听上去相似，实际上有天壤之别。一种答复是：“我立刻就做，立刻。”另一种答复是：“我立即就做，立即。”“立刻”含有刻不容缓之意，它的意思是这是一件应最优先考虑的事。“立即”在南非是指应次优先考虑的事，这件事可在将来某个不特定的时间去做，然而，说实话，根本就不保证这件事会不会被执行。

● 如果你问一位以色列雇员他/她是否已经完成了布置的任务，你很可能听到“Yihiyeh b'seder”，粗略地翻译为“不要担心，一切都很好”。这句话的意思很可能是任务尚未开始执行，只有当情况危急时，这一任务才会被以色列人当回事。

● 肯尼亚人有同样的语句，表达了对时间极大的松散态度。当你听到“hakuna matata”（斯瓦希里语的“没问题”）时，它的意思是不要期待任何事情很快会发生。

● 印度尼西亚语中有一个措辞表明那里的人对时间的随意态度，这种态度好像使你永远不觉得会迟到，因为没有人指望你按约定的时间到达。“Jam karet”的字面意思是“橡胶时间”。

● 在法国，时间是个灵活的概念。法国人把时间看作上天给的可以做很多事情——而且最好是同时——的一个礼物。他们很少全力以赴投入工作，而对属于个人的时间则倍加重视。长长的午餐和长长的假期是法定的，而不是额外的赏赐。

勾勒出你的外国伙伴

你若能勾勒出外国潜在商务伙伴的基本文化形象，会帮助你更好地预测和理解你们之间的潜在差异。你如果了解一些相关情况，就不会对他/她的行为感到那么难以理解了。并且，你就能够把这些潜在的负面因素转变为正面因素，在做生意的过程中就会处于一个更有利、知识更广博的立场。你需要了解如下一些问题。

□ 你的合作伙伴的本国文化

● 他们是否信仰某种会影响到他们的商务文化的宗教哲学？

● 这个社会是否很信任非语言的交流，如肢体语言和面部表情？你是否留意你的肢体所传递给对方的潜在负面信号？

● 他们是否重视正规教育？是否应该让他们知道你的教育背景？

● 他们重视幽默感吗？还是认为商务活动是非常严肃的事，开不得半点玩笑？

● 这一文化是否赞赏独立思考？还是集体主义更为重要？

- 他们是否高度重视权力？
- 他们是否更偏好固化的结构，并珍视安全性而非个人成就？
- 这一文化是否重视物质财富的获取？还是把集体福利看得更为重要？
- 他们是否严格遵守日程安排？还是仅把时间看作一个大致安排？
- 他们是否期待准确细致的交流，并考虑很多细节问题而不留疑虑的余地？
- 他们在时间方面的视野（即重视过去、现在还是将来）是什么样的？
- 他们采用的是精英管理制还是依年龄晋升制？

□ 举止和习俗

- 庆祝活动的正式程度如何？
- 在会见开始和结束时有多少身体的接触？
- 身体间的距离要求有多大？你们的接触是面部接触还是要保持一定的距离？
- 你们的视线保持在什么水平最为恰当？
- 社交是否将被看作所有商务活动的一部分？
- 交换礼物是否是标准的商务礼仪的一部分？

成功跨越文化差异的小提示

- **表示理解。**试图站在别人的角度。这使你更能容忍他们的观点，也能显示你自身的文化背景在多大程度上影响你的感性认识和对社会交往的看法。
- **要灵活。**并不是所有欧洲人都是同样的，所有非洲人、亚洲人也不可能是一样的。文化不仅在单一的地理区域极为不同，在同一国家、同一个地区内也相当不同。准备好去适应吧。
- **设法作出恰当的反应。**设法作出恰当的反应远比改变他人的反应容易得多。
- **别采取别人的生活方式。**采取别人的生活方式，变成“他们中的一员”会损害你的形象，使你变得很傻，要为你自己的文化特性而自豪。出于同样的原因，也别把你自己的文化强加给他人。
- **尊重当地习俗。**如果拿当地习俗的某个方面或传统开玩笑，或轻视别人的文化习俗或传统，肯定会惹恼对方。
- **要留心非言语交流。**对于有语言障碍的人来说，使用非言语交流是你评估你的伙伴的唯一直接方式。

● **战胜疑虑，走向信赖。**当两种文化发生冲突时，当事双方都会有许多的怀疑，至少起初是这样。带头冲破障碍，使对方确信你信任他们（但别傻到为了建立相互信赖关系，就把重要的事情泄密给对方）。

● **要参与。**无论是一次晚餐或者观看戏剧，还是在球场看球或去酒吧喝酒，都要参与，即使不得不强迫自己这样做。试着用筷子、吃孔尼岛的热狗、吃辣椒、喝伏特加，千万别做局外人，否则将会被看作受冷落或显得高傲。

警示☞

当你与对方会面时，若你感到是被强制参加一些违背个人道德标准或有害身体的活动，应保持明智的态度。如果你必须拒绝，一定要做得恰到好处。

第3章 文化的影响

习俗永远是阻碍人类进步的障碍。

——约翰·斯图尔特·穆勒

你以为你对某种文化作了足够的研究，你觉得你已经揣测透你的对手及其文化，你自信你已知道他们想什么、将会怎样做，甚至他们喜欢吃什么。然而，当你到达对方的地盘并与他们会面时才发现，他们不太适合你所研究的文化旧框框。在某些方面，他们很像你所预想的那样，而在其他方面，他们几乎完全相反。产生这种不一致的原因是：在任何一种文化中，还存在地区性差异，这种差异甚至会大到与国家之间的差异不相上下的程度。

□ 地区性差异

经常地，即便是那些在国际商业场合身经百战的商人也会忘记考虑地区性差异。他们经常对一国的文化有广泛的了解，但忽略了难以捉摸——有时并不那么难以捉摸——的民族内部文化的差异。这些差异远远不是表面上诸如厨艺、礼节方面的差异。语言是地区差异的一个最明显的表现，而语言方面的差异又会影响到人们对待伦理、时间和商务的态度。如果不能留意到这些差异，你有可能会付出相当大的代价。

□ 经常被人忽略的地区性差异

● **美国。**世界各国的人们很容易会对美国人有成见，但是人们脑海中关于美国人的复合型形象——物质主义的、强势的、狂暴的、肤浅的和不真诚的——更像是描述城里人而不是远郊的乡下人。美国四个地区（东北部、南部、中西部和西部）的待人态度、勤劳程度、口音和食物都依据居住地的地理、气候、历史和文化的不同而相差甚远。商务活动也依据你所处的地区不同而以不同的方式和进度展开。虽然说南北战争已经宣告结束 150 多年，但是直到现在，南北仍缺乏相互信任，仍存在着相当大的偏见，而且这种偏见基于诸如口音等表层地区性文化特性。北方人仍瞧不起南方人，把他们看作乡下佬和只会附和的老小孩。随着文化中心向西移动，富裕的加利福尼亚人则把东海岸看作“古老的国家”。

● **加拿大。**加拿大的英国文化和法国文化之间的差距常常被非加拿大人低估，人们应该高度重视这种差距以免出错。魁北克的主流文化当然是法国式的，于是使用法语与该地区的公司进行通信联系事实上带有强制性规定的意味——如果你不想冒犯他人。安大略与育空地区的差别很大。另外，无论你做什么，不要把加拿大人看作美国人的同类。

● **东欧。**来自发达国家的商人常常把前苏联阵营中的东欧人当作实质上的同类人来对待——这会造成致命的错误。实际上，欧洲被划分为西欧、中欧（包括波兰、匈牙利、捷克共和国、斯洛伐克、前南斯拉夫）和东欧。真正的“东欧”国家应包括俄罗斯、保加利亚、罗马尼亚、阿尔巴尼亚。此外，波罗的海国家包括拉脱维亚、立陶宛和爱沙尼亚，它们与西欧的邻国大不相同。它们的商务态度如同它们对宗教、政治和唯物论一样有极大的不同。

● **俄罗斯。**对于独联体，常犯的错误是认为前苏联阵营里的 15 个国家都讲俄语。举例来说，在乌克兰，如果你说俄语——这被认为是压迫者使用的语言——那么除了冷漠和面无表情之外，不要期待对方会有任何反应。前苏联的成员国，如乌兹别克斯坦和哈萨克斯坦，更像它们南部的穆斯林国家而不像欧洲的俄罗斯。摩尔达维亚人认为自己更像是罗马尼亚人而不是俄罗斯人。此外，俄罗斯远东地区更像亚洲，而不是欧洲，而且各个方面的表现更像是一个独立的国家。那里的人们更习惯与来自日本、韩国和中国的人打交道，而不愿与德国或美国人做生意。

● **比利时。**很少有外国商人能意识到比利时人分为比利时北部佛兰德人（大约有 570 万人口）和讲法语的比利时南部瓦龙人（大约有 310 万人口）。这种分裂可以追溯到几个世纪以前，当时居住在那儿的部落分裂成罗马人和日耳曼人营地。法语成了受过教育的“上层”人讲的语言，而佛兰德语如同荷兰语、南非公用语一样变成农民讲的语言。在比利时做生意时，最重要的是确保所有用非英语往来的商务信函选用适当的语言。这个人人通晓数种语言的国家成为欧盟总部所在地并不出人意料。

● **瑞士。**这是一个有着三种独特文化的国家，被划分为讲法语、意大利语和德语的三个部分。地区性差异很大，以上三种语言都可用于商务活动。

文化成规的价值

一般来说，文化支配着人们在社会中怎样思考，怎样相互往来。真正意义上的成规，只是由一个社会的主流文化甚至是一个特定地区的文化构成的。成规是一个团体的标准化形象，它赋予这个团体一些有助于将他们和他人识别开来的特点，否则这将是一项非常困难的工作。通过观察文化的组成成分和特性，就可以得出一个关于来自某种特定文化的人会怎样行动的比较准确的模型——成规，如果你愿意这样命名也可以。成规使现实社会变得更加容易了解和应对。

当然，任何成规都有例外——人毕竟是人——但总体来说，来自日本或德国的商人的行为很可能与他们的模型一致。关键在于避免盲目遵从成规，要为准确评价个人行为留有余地，要把个人放在总的文化背景之下来观察。现实社会中当然有善于独立做事的日本人、叛逆的德国人、浅薄的俄罗斯人、受任务驱使（而不是受关系驱使）的阿拉伯人。但这些人毕竟是例外，从他们本国的文化背景来看，他们很有可能被看成叛逆者。

在通常情况下，文化特性适用于大团体甚至全社会，但并不适用于单个的人。重要的是要记住这样一点：别人也会根据你的文化成规去看待或刻画你。如果你不再刻意遵守社会的成规，你就会惊奇地发现你展示出许多国家的文化特性。要重视和保留那些人人喜欢的成规，把那些不太被人接受的东西丢在一边！

警示☞

把别人对你的模式化的看法当作一种谈判策略是公正而无可厚非的，但你要记住，同样的策略也可以被别人利用。

明智的成规

并不是所有的成规都是消极的。实际上，文化成规是一种样板，可以帮助一个人应对另一种文化的复杂性。而且——你很可能已经听到了政治方向正确的信徒们的呼喊声——成规确实是有其现实根源的。逐渐形成的成规有利于我们追寻文化——既包括那些正在被形成成规的文化，也包括形成成规的文化——的演变过程。

有一个例证能说明大多数西方人是怎样看待日本人的。在20世纪30年代以前，日本人被看作神奇的、古怪的和落后的。然而，第二次世界大战来临时，他们变成狂热的、邪恶的战斗者，并且妄图主宰世界。接下来，在20世纪60年代、70年代和80年代，他们被看作由高效能工人组成的国家、全球成功的典范和美国利益最危险的竞争者。到20世纪90年代末期，日本被列入在痛苦中挣扎的经济衰退国家，日本作为一个经济强国也染上了一种经济疾病，日本的商界人士成了受人同情的人，而不是令人恐惧的竞争对手。今天，日本被看作文化上自我毁灭而日渐衰败的国家。

诚然，对你的商业伙伴作出自己的判断是很重要的，但同样重要的是要记住文化成规在你的判断的形成过程中起着关键的作用。对于英国企业界人士来说，意大利商人会显得非常没有组织纪律性、有点杂乱无章，他们更多地注重建立个人友谊而不注重经商。但是在西班牙或希腊商务伙伴眼中，意大利人的做法就显得非常正常了，因为他们享有同样的文化特性。正是这些文化特性给予成规某种程度的有效性，这也是德国人以德国方法行事、美国人以美国方法行事的原因——他们反映了自身的文化价值和社会形态。在许多方面，我们都能看到不同文化的反应与我们的预料相吻合。

成规的成因

当你认为一个成规是在某个团体文化的根基上形成的时，这个成规就更具有普遍性。例如：

□ 德国人

成规：德国人通常被看作非常顽固，缺乏幽默感，执迷于秩序，拘泥于形式的人。让他们笑是一件很困难的事情，他们对待商务很严肃。他们特别注重细节。

民族文化性：低调文化，重视交流内容的准确性，关注的焦点是谈话的内容而不是谁在说话。单时间性，倾向于一次做一件事。德国文化是高风险规避类型的。

□ 美国人

成规：急躁、物质主义的。个人着迷于时间和最后期限的富有冒险精神的文化，一个充斥犯罪和暴力的社会。

民族文化性：美国文化是任务驱动型的，很重视个人成功和独立思考。单时间性、低风险规避型文化，使得美国人不假思索地讲话和行动，有时还蛮不讲理。这是一个非常男性化的文化，这就意味着这个社会更赏识果断的态度，而且尊重获得物质利益的奋斗目标。

□ 日本人

成规：注重集体的。安静、害羞、保守以及高度尊重社会地位，以团体或团队来谈判，比较回避批评或者是提建议给队友。日本人愿意在一家公司工作一辈子。

民族文化性：日本文化本质上是奉行集体主义的，集体成功优先于个人成功。它是一个远权力距离的文化，在这一文化中，工人不寻求个人决策权。日本是高风险规避型国家。

□ 法国人

成规：浪漫，喜欢美食和精美的艺术品，并不过度关心商业事务，更渴望讨论政治和艺术，而不是去做生意。

民族文化性：一个高度女性化的文化，珍视人际关系，优先注重生活质量而不是物质的获取，对关心他人的做法表示鼓励。也是高调文化，即信息是媒介，不关注细节的准确性和交流过程。

□ 意大利人

成规：易激动的，喜欢争吵。在经商方面不太注重细节，看上去做事要很久才能结束。他们很浪漫，好像要与访问者没完没了地接吻和握手。喜欢表现自己，注重外在。

民族文化性：意大利人是多时间性的，也就是说他们偏好于同时无顺序地完成好几项任务。他们的时间概念是非线性的。它是一种高调的、关系驱动型文化。

□ 英国人

成规：故步自封、拘谨和合乎体统。商业活动通过“老男孩网络”完成。

民族文化性：低调、低风险规避、单时间性，是关系驱动型和任务驱动型文化的混合体。

□ 中国人

成规：像日本人一样，总是成群结队地去旅游，他们较安静、保守、从不发脾气，但有时他们也会很混乱，不能聚精会神。

民族文化性：佛教哲理对中国人的商务往来和生活方式有着重要的影响。中国是集体主义的、高调的、多时间性的文化。

□ 尼日利亚人

成规：爱群居，外向型，容易满足，好像从不说“不”，喜欢身体接触。

民族文化性：多时间性的、高调的、关系驱动型社会。

□ 以色列人

成规：较急躁、粗鲁，在商界和政界都是如此，总好像有话要说，每件事都说得很浅。

民族文化性：多时间性的、高调的、个人主义的文化。以近权力距离为特色，即社会成员坚持有决策权。

□ 沙特阿拉伯人

成规：安静、考虑周到，几乎是逆来顺受，非常尊重权力、金钱和等级制度。

民族文化性：伊斯兰教影响人们的商业价值，远权力距离、集体主义社会，以许多男性特征为特色，还有点唯物主义，是关系驱动型文化。

□ 印度人

成规：保守，富有哲理性，缺乏自信，避免抛头露面，但很聪明。

民族文化性：女性气质的、高调的、多时间性的社会，这个社会高度推崇团队和谐。它是一个关系驱动型社会，是一个高风险规避型国家。宗教哲学在日常生活中起重要作用。

□ 澳大利亚人

成规：说话声音很大、吵闹的，物质第一，举止不够文雅、教养差。

民族文化性：奉行个人主义，近权力距离，非常低的不确定规避，这就使他们不必担心会在公众面前感到窘迫。

□ 阿根廷人

成规：喜欢吵闹，节奏很慢。商业活动基于精英家庭关系网。

民族文化性：采取非线性的态度对待时间，多时间性，高调，是关系驱动型而不是任务驱动型文化，高度赞扬个人主义，也是一个近权力距离的社会。

文化冲击的影响

在另一种文化中工作，必须面对的一个现实是文化冲击。就像死亡和税收（至少在大多数市场经济国家中）一样，这种冲击也是不可避免的。文化冲击的定义非常简单。文化冲击发生在一些你熟悉的东西——语言、食品、货币、价值观、信仰，甚至一些你不以为然的事情，例如，交通、吃饭时间、睡觉方式等方方面面——消失的时候。文化冲击可能会使你毕生所学的口头的和书面的知识都失效了，甚至还可能达到这样的境地：你似乎像婴儿一样需要从头学起，你不能说当地话，也看不懂当地的报纸。下面是文化冲击的一个很好的例证：一位在本国非常成功并受人尊敬的商人，在异国却像个文盲，依赖他人（这个例子中指翻译）作为交流的最基本形式。挫败感就像孩子不能与父母交流一样油然而生。文化冲击的影响是累积性的，有时候甚至来的毫无征兆，因为它们似乎无孔不入地体现在每一件微小的事情（在餐馆里，你可能会因为看不懂菜单而点错菜）、每一次自我表达的失败（在街上不能问路），以及每一次商业失利（一个约会被取消）中。

□ 战胜文化冲击

很明显，有些商旅人士能够比另外一些人更好地处理文化冲击，这通常是经验问题。但是诸如下面这种情况的例证也不在少数：有些人变得完全失调，在工作中无法发挥最佳状态，或者是在商务谈判中常常跑题。之所以会出现这样的状况，常常是因为他们对外国商务伙伴或对手心怀怨恨和不满。

当一个人和与自己的外表有着明显差异的人一起工作时，比如一个在日本工作的德国人，文化冲击带来的效应可能是综合性的。一位来自南非的女会计师身材非常高大，在中国台湾工作的一年里，她怎么都不习惯被人盯着看，特别是大多数人盯着她的胸部看。“开始时我觉得这不过是个玩笑，过一段时间就会好，但几个月后我就不能忍受了，我不喜欢在公共场合露面，当我走在街上时，我会有鹤立鸡群的感觉，我所能看到的是些头顶，所有男人都呆呆地看着我，”她说，“在我一生中我从来没有过这么强的自我意识——我肯定以后也不会再有了。我不能工作，也不想工作，我原定的外派时间是三年，我只在那儿工作了一年就离开了，这是一个双方的决定。我的工作质量下滑得很厉害。我远在约翰内斯堡的老板怎么也搞不明白。我也不能告诉他是怎么回事，否则他们肯定认为我疯了。但是，我告诉你，我现在连中餐馆都不去了。”

□ 文化冲击的征兆

只要稍加留意就会发现，人们饱受文化冲击之苦的征兆无处不在。对所在国家文化的嘲讽就是一个很微妙的迹象。身体方面出现的征兆则包括压抑、冷漠、睡过头、暴饮暴食、滥用财务等；心理征兆则可能包括逃避和隐居、拒绝他人的邀约、更愿意躲在家里看书或者是从自己的母国带来的影碟等。

即便是一个长期被外派的工作人员也避免不了遭遇文化冲击。实际上，文化冲击是周期性的，有一系列高潮和低潮，需要几年的时间才能适应。对于短期出差者而言，文化冲击的周期可以缩短在一周内。最初的一段时间是没有方向的，这是可以理解的，因为周边的一切都是全新的、不同的——多少还有些恐慌。接着便是蜜月般的时期，你有可能学会几句当地话，熟知一两家餐馆、公共场所，甚至能了解出租车或其他公交交通系统。这时，你基本上对这里与本国之间的差异感到适应了。

突然间，你变得不那么大惊小怪了，此时，你会意识到本国的文化变得多么烦人，多么褊狭，多么效率低下。回国后，你会给你的家人、朋友和总部办公室的同事们讲述那些迷人的故事和你的新发现。

然后，又一个周期开始了。你提高了要求，但过分自信，然后遭受重重一击。你意识到你根本不会变成局内人。你的语言交际能力平平。突然间，你觉得花很大的努力才能完成日常的任务，原本试图处理一切的雄心最后只好无可奈何地收场，这时你开始埋怨和挖苦别国文化，同时陷入沮丧之中。

□ 例证：时间不说明问题

一位在前苏联工作了三年之久，声称已对前苏联人的处事方法相当适应的美国记者回忆起一件使其遭受挫折的小事，这个挫折带给他的灰心丧气的感觉可能连他自己都没意识到。“三年来，我一直在莫斯科一家使用硬通货（当时，只有外国人以及共产党的一些高级官员们才可以合法地拥有外国货币，比如美元和德国马克，有专门的物资丰富的商店为这些精英阶层服务）的商店购物。我每次购物他们从不找还零钱。作为替代品，他们会给你些糖果、口香糖，这是不引起反感的做法。三年后，离开莫斯科前，我买了一瓶威士忌酒，他们也像以往那样说找不了零钱，我也不知道究竟是什么原因使我勃然大怒。我骂了他们，声称不找给我 65 美分的零钱就不离开商店。排队等候的同事、记者、外交官都劝我别小题大做。有一个人甚至拿出一美元给我，只要我不让他们等在那儿排队就行。结果用了半小时才把这事办妥。最后我还是没拿到零钱，却在这个外籍人社区里留下了易怒的名声。顷刻之间就把我三年来建立起来的名声给毁了，那时我知道是该走的时候了。”这是最后阶段爆发、迟到的文化冲击的例证。

□ 触及底线

文化冲击会对一项商务活动的结果产生实实在在的影响——通常是以一种往往在合同被正式打印出来时，上层才意识到的方式。最为明显的负面效应是与外国商务伙伴发生对抗。正像之前提到的，与另一种文化的代表发生冲突、对对方进行嘲讽，这种公开示威最终会导致双方无法达成既定的目标。但是，除此之外可能还会带来通常更加微妙的另外一种危险：这与其说是对新文化、商业伙伴的怨恨，是对交易的损害，倒不如说是这种人变得太急于求成，几乎无法赞同任何事情，到头来只能溜回家，逃避压力。这种失去耐心和远见的做法可能会带来比失去一次商机更加严重的后果——撕毁合同，最终给公司造成重大损失。意识到文化冲击是实实在在存在的，而且会从方方面面影响到一个人，这是你在另外一种文化中工作时应对不可回避的一些问题的第一步。

对抗文化冲击

- **反文化冲击是周期性的。**期望有高有低，但是要抵抗期望太高的狂喜症和期望太低的压抑症。试着保持中立。
- **保持冒险的感觉。**你正在体验大多数人从未有过的经历，把生活看作一种冒险。
- **避免愤世嫉俗。**这是一种防御机制，别那么容易掉入陷阱，愤世嫉俗的态度不会赢得朋友和盟友。
- **做一个参与者。**要克服呆板单调的生活方式，也就是说回到旅店或家中以逃避在新文化中与人接触。逃避只能扩大局限性，使你永远无法适应新文化。
- **表现出学习新文化的兴趣。**如果你说你想要多看看本地的风光，人们会更愿意带你去参观他们的景区，这是一种以本地为荣的事。
- **记日记。**将你在新文化中的经历和体验记录下来，会有助于你更多地了解新文化，促进你个人的发展。
- **保持身心健康。**多做一些能够让你放松的运动，以便减轻文化冲击给你带来的压力。这既包括身体的放松——屏住呼吸、放松肌肉，也包括大脑的放松——通过幻想、沉思、冥想等技巧，以及有助于减少不确定性的战略。

● **散步。**散步不仅有利于你的身体健康，而且它还会帮助你熟悉周围的环境。假定这一地区是安全的，散步能使你观察到你所在的新文化背景之中的细微差别。

● **参加一个健身俱乐部。**任何承担中长期任务的人都应该考虑加入本地的俱乐部作为释放压力的一种途径。

● **组建一个家。**如果你要执行一项长期任务，要带一些在家里常用的东西：照片、一件家具、习惯用的床单，这些东西都能把没有精神的居室变成一个远离原来的家的新家，从而缓解你潜在的压抑感。

反向文化冲击

文化冲击可以来来回回地打击你——这一点是许多个人和公司所忽略的。事实上，许多商人会感到在执行了一次长期任务后回到家中反倒无所适从。部分理由是：这些人认为他们回到了无论从个人角度还是从商业角度看都较为安全、舒适、没有发生过任何变化的家或公司中——但是在现实中，这是不可能的。此外，从另外一种文化中回归的人看待事务的视角也已发生了变化。

所以，在文化冲击中生存下来的你回国后，很可能最终又经历类似的感受，正像初次到达一个新文化之中一样。在国内依然会有压力，会有不确定性和焦虑。你回到家一定会很高兴，但同样会因离开朋友和同事而感到难过。你的价值观会因为你吸取了你最近所在的那个国家的文化而有所改变。你的新生活与你在国外的冒险比起来，会显得很乏味。此外，你还需要应对社会地位和个人财务状况方面的变化——这两者在你回国之后都会有所下降。

□ 一个尴尬的例子

有一位英国女商人在莫斯科居住了若干年，她回忆道，当她回到伦敦时，她的眼泪夺眶而出，在机场使劲地挥动着帽子呼喊。她在感情上垮下来的原因是——乘出租车出行要比每天在莫斯科街上像战斗一样出行轻松多了。“我突然意识到我是在怎样的压力下生活的。一切都大不相同了，现在我回家了，但我却不知所措，我走进超级市场，所有的选择都令人震惊，在作出微不足道的选择，如该买哪种谷类食物、哪种咖啡、哪种香皂的时候，我很压抑。我一不留神竟变成了俄罗斯人。我在英国的朋友根本不能理解我的压抑感。他们似乎都如此令我厌烦和不感兴趣。在莫斯科，日常生活是一种挑战，你靠你的智慧生存，你总是那么紧张，而回到家中，生活却显得如此乏味。”

□ 重返本国

据说一位美国企业管理人员为一家长驻阿根廷的航空公司工作了五年，回到纽约后，感到很压抑，非常反感他在纽约的同事。“他们那样美国化，与改变了的我如此不同。他们对我们在布宜诺斯艾利斯的营运漠不关心。他们就是不了解我为什么会觉得拉丁美洲人的经商方法在某些方面优于美国。我的意思是，在纽约，所有的美国人拼命工作——为了什么？他们从不花时间娱乐，这是他们的损失，我为他们感到遗憾。实际上我内心里很看不起他们，我在国外的经历使我感到高他们一等。我的新上司认为我正面临困难，但我不能讲。我的意思是，就像我在外国，我们好像不再讲同种语言。在阿根廷我在好多方面与他人不同，回到纽约我还是与他人不同，这是别人认为不应该的。”

□ 为重返本国文化而准备

不能认识到文化冲击的双向性会给商业活动带来负面影响。总部设在美国的 Runzheimer 国际公司的管理顾问服务公司所作的调查表明，许多美国公司估计，有四分之一返回国内的外派工作人员在第一年内会使公司有所损失。类似的研究也在英国进行过，数据略低于四分之一，但远远超过预计水平。问题在于：这些公司并不重视对职员再融入本国文化进行培训，因为只有这样才有助于提高他们在回到本国后受到本国文化冲击的适应能力。在 Runzheimer 的研究中，73%的公司承认没有再融入培训计划，而设有这种培训的公司说它们的培训期只有三天或更短。有一个情况值得注意：那些有对外派人员进行再融入培训计划的公司，无论培训时间的长短，都比没有该计划的公司的人员调整率要低（不到 6%）。

外派人员回国

第一次执行外派任务的人员回国后，基本上都有同样的感受和经验，要恢复好自己的体力和脑力，要努力与在国外形成的惯性作斗争，克服用国外的视角观察国内事情的毛病。

1. 你从外国回来，人们对你的反应会有所不同，这一点要有所准备，但不要生气，要留给他们一定的时间重新认识你。

2. 记住，并不是每个人都愿意听你的“战争故事”，特别是有关你在另一种文化中的生活。别无休止地讲述你的回忆，这会惹他们烦。寻找一些新朋友，特别是那些周游过世界有类似经历的人，这样做会帮助你保持平衡。主动要求在当地学校或找一个愿意分享你个人经历的商务群体，给他们作讲座。

3. 你在工作上将遇到新的压力。别立刻把你刚从国外学来的一切经验应用到工作中，花点时间重新熟悉你本国的文化。别把一种商务方法与另一种商务方法相互比较，至少别公开比较。

4. 想办法把你在新文化中学来的技巧——既包括职业技巧，也包括人际关系技巧——应用于新的工作中。记住，作为一个人你可能成长了许多。找到一个能把你对不同文化产生的新的理解——任何你顺便学会的语言技巧——应用到工作中的工作岗位，这样既会使你的公司获利，同时你也更能适应这个岗位。

5. 找一位辅导教师，他们会指导你回到“新”的旧文化中去。

公司可以这样做

1. 制定一个正式的、专业的针对外派人员的回归方案，包括向回国人员介绍总部当前的人员安排，使他们对社团再定位，留有充足的时间熟悉新程序和新员工等。

2. 确保高级管理层理解回国雇员所面临的心理压力，设法帮助他们克服这种压力。让他们知道应该怎样减轻心理压力。

3. 要在雇员正式回国前六个月开始启动外派人员返回计划。该计划包括为雇员的配偶提供择业计划、融资计划、纳税援助以及职业咨询。别忘了也需要帮助雇员的家庭进行重新调整。这能帮助这些雇员缓解个人生活压力。

4. 要制订如何利用回国雇员的新技巧的计划。为回国的外派人员建立职业发展路径，正确评估他们的新技巧，使他们的新技巧非但不阻碍反而有助于他们的职业发展。

5. 为回国的外派人员找一位辅导教师。建立一对一的个人关系能长久地留住雇员。

6. 让回国人员感到自己很特殊而且很受欢迎。如果不能很好地对待回国人员，就会传递出这样一种信号：公司对海外工作不重视。

第4章 商务的全球化

所有旅行都是某种形式的逐步自我消亡。

——希瓦·奈保尔

全球化改变了——可能使之朝着更好的方向发展，也可能使之变得更糟——世界各国的商务模式。尽管这一进程尚处于开始阶段，却是无法阻止的。企业或个人所面临的挑战是学着如何与之共存、如何掌控它、如何利用它来为自己服务。国际货币基金组织把全球化定义为在全球范围内，随着国与国之间商品和劳务交易的数量和种类的增加、国际资本流动的增多，特别是技术在各国更迅速、更广泛的传播，使国与国之间的经济依赖性逐渐增强的过程。

跨国商务

当前这个全球化时代——早在第一次世界大战之前，国际商务活动就已经开始萌芽，但是受当时的技术和通信的制约，没有发展起来——真正开始发展是在第二次世界大战结束后不久，西方战胜国开始推动全球范围内"公开"的贸易和投资。全球化商务的概念经过很长时间才流行起来。

现在，从事跨国商务交易的公司数量正随着国际贸易量的增长，像雨后春笋般增加。国际商会的统计数字表明：商品和劳务的国际贸易额已达6万亿美元。全球资本流动猛增，对外直接投资（是一种对商务或财产跨国界的控制）数量可观。1997 年对外直接投资多达 3 万亿美元，但是 10 年前这一数字仅为 7 350亿美元。1997 年美国投资商跨国界债券和证券的销售量和购买量由相当于 1980 年国内生产总值的 9%增长到 90 年代中期的 170%。外汇日交易额从 1973 年的 150 亿美元增长到 1995 年的1.5万亿美元。仅伦敦、东京和纽约在 1997 年每天的外汇交易额就达到了1.5万亿美元，是 5 年前的两倍。

□ 技术规则

技术进步是导致全球化蓬勃发展的原因之一。计算机的出现减轻了通信的负担，使通信比以往任何时候都更快捷，也更便宜。事实上，计算机的成本平均每年下降了 17%，计算机程序的处理能力急剧增长。计算机对跨国通信产生影响的一个例证是：1930 年纽约人给伦敦人打电话，一分钟的电话费是 300 美元（以 1996 年的美元面值计算），而今天只需要 1 美元。新技术将导致全球商务活动更加一体化，正像国际互联网越来越广泛地被人们接受而成为全球商业活动的中介一样。

技术创新帮助中小型公司进入全球化的新市场。正是这些公司，不受大的总公司或官僚的妨碍，能够在全球开拓合适的市场。计算机、传真和电子邮件替代了大部分的传统办公手段。小型公司能够在更广泛的地理条件下更高效地营运，而无需什么总公司，唯一的障碍就是企业家没有想象力。

□ 市场开放

那些赞成全球化的人认为，全球化是件好事，企业可以在世界舞台上活动，最终从规模经济中获益，生产力得以提高，各国人民的生活水平也会提高，全世界也会随着全球化而更加富有和繁荣。赞成全球化的人有充足的证据支持自己的观点。联合国开发计划署（UNDP）的统计数据表明：全球的总财富要比总人口增长得快。据 UNDP 估计，20 世纪 90 年代，发展中国家大约有 5 亿～6 亿人口的收入水平超过了贫困线，在接下来的 30 年里，将有 20 亿人摆脱贫困。同样，从 1965 年到 20 世纪 90 年代早期，发展中国家和发达国家的制造业和服务业所提供的工作岗位翻了一番，达到了 13 亿。中国的表现则更加突出，因为这个拥有 12 亿人口的大国——也就是说世界上每 5 个人中就有 1 个是中国人——向世界各国敞开了大门。苏联的解体以及印度经济的自由化则为全球带来 15 亿人口的消费市场。

□ 全球质量

那些唱反调的人则持相反的观点，声称全球化已经在事实上引发了“趋向低下水平的竞赛”。很多就业机会从高工资国家转移到了低工资国家，因此，把每个人的工资水平拖向低水平。假定的“工作输出”问题已经暴露出来，成为发达国家一项重要的政治问题。以耐克公司为例，这是一家总部设在美国的体育用品生产商，但是它现在选择了越南人来为它生产，价值100美元的耐克鞋仅支付84美分制作费，从而获取大量钱财。在法国，这一问题已成为20世纪90年代若干次国会选举的重要议题，因为各界工会声称该国工人是“工作输出”的牺牲品，法国的失业率上升了30%～40%，失业人口多达百万。实际上，这个数字要低于10%——因为上面的数字中包括了那些原来就由政府补贴的工业，它们无力适应全球化竞争。

全球化带来的就业机会的增加要高于它所造成的工作机会的减少，只是这些就业机会体现在不同的部门和地区而已。要想实现就业，就必须有技能，受过更高等的教育并更富有流动性。在最近的几十年中，欧洲和北美那些失去工作的工人大多是受教育程度较低的工人。的确，在有技能和无技能的人之间，工资差异将可能增大，双方都有充分的证据表明这一点。当然，双方都在某种程度上有所夸大。但不可辩驳的是，世界经济这块大馅饼因为全球化会变得更大——并且被分割成与以往不同的份额。

全球化悖论

公司有效全球化的完整概念本身就自相矛盾：一个公司越是全球化，就越是依赖于当地资源——人力资源、管理者、营销人才——只有这样才能把其产品和服务带到新市场中去。

公司的国籍变得越来越不重要了。英国航空公司是意识到这一趋势的首批重要的国际化公司之一。这家航空公司已经把英国国旗从飞机徽记上取掉，换上了新设计的、具有全球适用性的艺术标志。英国航空公司的喷气式飞机的尾翼上也装饰了艺术家的作品，从中国的书法到卡拉哈里（Kalahari）沙漠的布什曼（Bushman）绘画。丰田凯美瑞汽车曾经是日本占领美国汽车市场的象征，现已变成在美国本土制造了。福特汽车公司的顶级产品维多利亚皇冠，实际上是来自加拿大的进口产品。

□ 全球交流

那些成功的公司，无论规模大小，都在通过采取全球化思维、本土化行动，鼓励管理的多样化和把权力下放到子公司等方式，让设立在不同国家的子公司以更高程度的自主权来努力应对全球化的悖论。但是，如果没有相应的企业交流方案来在整个企业中推行全球化的理念并将这一理念引向市场，那么任何全球化战略都不会有效果。这使得企业的视野更开阔，同时努力的方向更加多元化——以本土为基础采取行动，但是以全球化思维考虑问题。

全球化最明显的影响之一是商务旅行者人数增多，他们为了做生意而跨国界飞行的公里数也剧增。商务旅行者经常要接触到新的不同的文化——但有时他们也会碰到一些相当熟悉的景象，使他们想起家乡。全球化正使我们在许多方面朝着共同的国际标准迈进——从会计准则到非正式的穿衣风格。许多例证表明，人们在寻求“一种适合所有”的全球化商务标准方面，已经有了长足的进步。

朝着国际标准迈进

展现一种文化或一个国家的特征的方式之一是，不同国家的人们开车的方式。各国都为自己生产的汽车自豪——因为这反映了该国的工业技术水平。德国通过出口梅塞德斯-奔驰、宝马汽车在全球范围内赢得了声誉。法国标致和瑞典的萨博在非洲几乎人人皆知。现在，总部设在密歇根迪尔伯恩的福特汽车公司想出了一个好点子——该公司认为，这个点子可以帮助它成为世界领头羊——打造一款可以在这个星球上的任何地方生产，进而卖给生活在那里的每一个人的“世界汽车”。其目标是，该车的销量达到每年 100 万辆。下面我们谈谈经济规模的问题。

□ 可以被全球接受的产品

多年来，福特公司一直试图生产一种适合全球的“世界汽车”。事实上，福特公司生产的埃斯克特（Escort）本来是冲着这个目标去的，但是最后，在美国、欧洲和南美推出的汽车的车型相差太多，除商标外，几乎没有任何共同之处。福特面临的最大障碍是各国有不同的规章制度，不同的消费者有不同的偏好。但是现在，福特公司看到，这种差异越来越小，具有相似品味和安全要求的国际化消费者群体逐渐浮出水面。

国际化的市场经济的出现以及贸易的进一步自由化，也使得各国政府在规章制度方面的巨大差异大大缩小。福特公司这一次尝试打造的真正的“世界汽车”叫作福特福克斯——这款车实际上是在欧洲而非美国设计的（福特是真正走向了国际化的企业之一），并且是在瑞士日内瓦而不是底特律的一次车展上揭开其神秘面纱的。福克斯是福特公司一个庞大的计划——“福特2000”的一部分，该计划的目的是在实现全球规模经济的条件下进行资本化运作，以削减成本，杜绝产品开发成本——比如汽车的设计等——的重复浪费。福克斯由福特公司设在德国、西班牙、墨西哥和美国的各个分厂制造。

这种世界产品会在未来掀起单一产品的消费巨浪吗？未必，至少现在还没有。但是，有明显的迹象显示，企业逐渐意识到消费者偏好以及产品问题确实有一般化的趋势，而且在全球范围内调配资源可以实现更高的效率。例如，意大利汽车制造商菲亚特公司，也正在考虑针对新兴市场推出它自己的“世界汽车”。该公司组建了一支庞大的设计队伍，其成员来自阿根廷、巴西、波兰和土耳其等国——所有这些人都有为那些在坑洼不平的路面上开车的人设计或者生产汽车的经验。

□ 本地资源

大多数以消费者为导向的“世界”产品都是全球化悖论的牺牲品。一个公司越是向全球市场扩张业务，就越是依赖本地资源，越是优先迎合本地需求。以 CNN 这一电视台为例。虽然该台主要是凭借播放美国新闻事件建立起自己声誉的，但是通过将触角延伸到各个地区，它在全球范围内赢得了很多追随者。ESPN，美国一家体育赛事转播公司，正在孤注一掷地“押宝”，它认为美国的“沙发土豆”一族——沉迷于电视节目的人——在印度甚至整个亚洲有很多的知音。这个已经使用 21 种语言在 20 个电视网播出节目，直播从板球赛事到澳大利亚足球的各种体育节目的电视制作公司，还计划在印度开设一个专门的体育频道。

很少有产品可以自夸能击败全球化悖论，但可口可乐是一个例外。它的配方、标志及包装在全球几乎是统一的。它是唯一一个不迎合本地限制规则的例证。但是，除了可口可乐之外的其他软饮料，该公司都要求制造商迎合本地需求。比如，黄果汁在日本被称作荔枝果汁；又如芬达，是为大多数欧洲人所熟知的橙子味道的饮料，在博茨瓦纳是桃味儿的，在法国则变成水果味的，而在日本则是花香味的了。

但是，至少有一次，这家总部设在佐治亚州的亚特兰大企业巨头在生产其旗舰产品可口可乐时，也不得不服从本地人的口味。在印度，可口可乐公司推出了 Thums up 品牌的饮料，与可口可乐展开竞争。Thums up 与可口可乐的销量之比是 4∶1。在世界上任何其他国家，可口可乐还从来没有遇到过可以与之匹敌的对手。与可口可乐相比，Thums up 是如此的成功，以至于可口可乐公司甚至都不打算改变其营销格局。因为印度人更偏爱本地品牌，因此可口可乐只好位居其次。

警示☞

可口可乐公司早些年曾被要求撤出印度市场，因为它拒绝将自己的秘方公之于众。印度人不喜欢可口可乐公司的这种文化，Thums up 的部分让步才使可口可乐公司进入巨大而干渴的印度市场。

商务文化的融合

但是，在许多重要方面，世界主要经济体如美国、欧盟、日本和中国等的日益全球化已经开始催生出商务活动更统一、更有组织的需求——也就是说，在职业道德、管理模式和会计专责等方面推行统一标准。跨国资本流动和国际投资的迅猛增长，使得制定这样的全球性标准成为一件很紧迫的事情。信息革命、互联网以及通信技术的进步更是大大便利了人们跨国界讨论此类问题。

□ 文化的交汇

经济的全球化促进了与商务活动有关的文化的交汇。把这些不同的文化混杂起来被证明是一件很困难的事情。例如，美国政府率先主张消除公司的行贿受贿和腐败行为。它的《反海外贿赂法》——该法案明确禁止美国公司为了在当地赚取经济利益而对任何外国政府和个人行贿——自 1977 年通过以来已经有了 30 多年的历史。但事实上，行贿受贿在世界各地已司空见惯。据美国商务部门估计，美国公司因受世界不同游戏规则影响而蒙受损失的金额多达几百亿美元。

然而只是在近些年，随着美国政府不断施压要求反对商业贿赂行为，其他一些国家才开始同意认真对待此问题。实际上，包括法国和德国在内的一些国家，曾把为了在海外赢得商业机会而进行贿赂的经费作为企业合法的税收减免项目。囊括了世界主要工业化国家的经济合作与发展组织（OECD）专门组建了一个委员会，调查国际商业贿赂的情况及它对商务的影响，并且在全球范围内积极推行统一的商业道德标准来反对商业贿赂。

□ 私营部门的影响

在公司治理方面，主要是私营公司推出了一系列国际化的准则和做法。公司治理这个术语描述的是那些受命管理公司日常事务的人对股东、社团及雇员负责的状况。同时这个术语也关注交流，即这家公司是如何向更广大的世界和不同公司的公众包括股东、雇员、潜在的投资商和监督者展示自己的。企业的治理结构处于来自跨国界投资者的压力之下，趋向于变得更为开放和高效。

美国的投资机构越来越对世界其他国家感兴趣。因此，美国的投资基金在公司治理问题上开始采取更为主动的立场，通过面对面的会议以及发动股东提建议等途径来不断完善公司治理。日本取消对养老金的管制，很可能在某种程度上使外国投资者们感觉到这是加快国际化的信号。提倡统一全球公司治理标准的呼声究竟有多强？一项针对主要机构投资者的调查表明：25%的美国机构投资者、60%的法国机构投资者、52%的澳大利亚机构投资者、25%的英国机构投资者认为，认识到这一目标是非常重要的，这也是它们最优先考虑的问题。

□ 欧盟：一种经济，两种文化

或许，随着欧元被作为统一货币使用以及来自美国和亚洲的外来资本的涌入的增加，统一公司治理程序的压力在欧洲感受得更为真切。在欧洲内部，有充分的证据表明，作为市场力量的直接结果，公司文化有趋同的倾向。几个世纪以来，在欧洲一直存在着两种完全不同、相互竞争的商业文化。“盎格鲁-撒克逊”模式的典型特征是：巨大和高度流动的资本市场，股权集中在机构投资者手中，存在一个通过兼并实现公司控制权变更的市场。相反，“大陆”模式的典型特征是：不太流动的资本市场，股东的权力集中在银行、家庭和政府手中。在法国，商务体系的建立依赖于由一群有共同想法的经理人构成的精英集团，这些经理人大多数是高中或大学同学，通过在政府部门任职多年获取了自己的商务技能。意大利也有同样的精英集团，即人们所熟知的“商业组织俱乐部”(salotto buono)。

然而，近年来这两种欧洲文化有明显的趋同迹象。在英国，管理者和投资方正在逐渐从注重短期收益向提升股东的长期价值转变。受到企业在世界市场上从外部筹集资金的需要以及私有化进程的驱动，欧洲的内陆国家也出现了短期目标和长期目标逐渐融合的趋势。原本泾渭分明的商务文化经过几个世纪的发展，更趋向于管理的统一标准化和商务的全球化。欧洲大陆首先开始尝试这种变革的企业之一是德国的戴姆勒-奔驰公司，为了获得在纽约股票交易所上市的资格，该公司采取了美国式的会计准则。它与美国的克莱斯勒汽车公司的并购更是朝着全球化方向发展的一个重大步骤。

主导与文化化

许多从事国际商务活动的人士可能会提出，谈起商务标准的国际化，人们实际上指的是商务标准的美国化。在某些情况下可能确实是这样的。公司治理领域就有这样的例证。但是，在其他领域就未必如此了，如在财务、污染标准及人力资源管理方面情况就不是这样了。然而，当前美国跨国公司的成功已经引发了全球对美国管理模式的兴趣。遍及全球的许多公司正在采纳已经被证实是成功的美式管理技术。具体说来包括坚持以客户和优质服务为导向、有一个畅通的信息系统、高级管理层持有股票期权以及允许公司回购股票。

一家名叫 Gemplus SCA 的法国公司——它是世界上最大的智能卡（一种提现信用卡）生产商——被《华尔街日报》（*Wall Street Journal*）誉为美国管理方式全球化的典范。这家公司是如此的美国化，以至于要求所有员工在工作时间内讲英语。它甚至雇用美国的顾问给公司的生产流程提建议。

□ 文化殖民主义

然而，有相当多的国际化的管理者认为，公司的美国化不仅违背了许多国家的基础文化，而且只是一种最新的流行时尚——很像 20 世纪 70 年代和 80 年代的闪电战，当时大家都在模仿日本的管理技术。

“管理风格和治理方式在全球范围内随时都会出现或消失，”一位在美国公司工作、对亚洲和欧洲的管理技术很熟悉的管理咨询师说道。“但是，每当这些管理技术中的一种开始流行并被他人模仿时，它使整个世界开始逼近一个全球标准，或者真的形成了全球性的商务管理风格。现在，世界各国的人们仍然在借用日本的管理技术。当美国的管理技术不再流行之后，仍然会有一些人继续使用这些技术。每一次企业从另一种文化中模仿一些东西，世界各国企业的管理风格就更加接近一些。”

尽管我们可能永远无法看到全球企业采用单一的管理模式，但有一些基本原则已被大家共同认可。地区差异仍然存在，没有人会同意采用绝对一致的标准。人们对被美国化的担心并不比几十年以前害怕被日本化更严重。

全球会计准则

随着资本跨国流动的增加，对国际会计师、政府管理者和国际投资者来说，越来越清楚无疑的一件事是，如果他们想要吸引外资，就有必要使用一种国际通用的会计语言。的确，许多欧洲公司在 1999 年引入共同货币欧元的压力下，已开始体会到采用国际上公认的会计体系的好处。国际会计标准委员会（IASC）在 1973 年成立，其宗旨是在全球范围内把所有财务会计和报告的标准统一起来。IASC 有 14 个拥有投票表决权的成员，这些成员来自不同的公共会计组织、国际财务分析师协会以及各国或者国家集团的商业团体。自成立以来，IASC 已经推出 30 多项标准。人们对它的认可和接受度以惊人的速度提升。

□ 国际化股票和债券

接受一套全球共用的会计准则意味着，无论公司总部设在哪里，它们都能介入世界上的任何资本市场。目前，每个国家都有一套自己的公开的、透明的准则，企业股票要想在该国的证券市场上市交易，就必须遵守这些准则。截止到 1998 年底，多达 50 个国家——美国是最大的例外——都对这种国际通用的会计准则表示了欢迎。美国认为这些全球性标准与本国已设立的准则相比太弱，不够严格。然而，一项针对 8 个跨国公司采用国际准则的情况的研究发现，根据国际准则得出的会计结果与根据美国会计准则得出的结果非常相近。

当然，真正形成全球通用的道德准则或形成一套国际化的公司治理和会计操作守则仍有很长的路要走。问题出在具体细节上。到目前为止没有任何一个国家声称要放弃全球化的理想，但当要求它们推进时，它们又总想推迟。就拿欧盟——该组织在公司治理问题上一直扮演着积极的角色——为例，20 世纪 90 年代早期，欧盟设立了一个委员会，提出要在全欧洲采用统一的插头，当时这一想法赢得了广泛的欢迎。但经过多年的会议、争论和工程实验后，欧盟成员国仍未一致同意统一插头标准，因为没有国家愿意放弃它们现有的设计。

到过欧洲的国际投资者都会有这样一种印象：在欧洲试图推行一套国际通用的会计及公司治理标准时，会令人们想起欧盟为改变插座和插头互不兼容引起的混乱局面而想要统一插头标准的事。这两件事具有共性，统一标准仍有障碍，欧盟各国仍在本土化和同化的问题上心有余悸。

警示☞

世界贸易组织要求其成员采纳世界贸易组织的会计标准体系。那些对统计分析心有余悸的国家发现，满足这一要求是件很困难的事情。

国际商务与当地文化

经济和商务活动的全球化不仅对资本、技术和贸易流向有重要影响，而且也会影响到国民的价值观、人们的思维方式和行为以及各种组织和机构。美国快餐巨头麦当劳是说明企业在进行国际化经营的过程中，会如何影响当地看上去与该企业的产品——在这里是快餐——完全扯不上关系的文化传统的很好的例子。这家公司也是将全球化思维与本土化行动完美结合起来的最好例证。在许多国家，至少年青一代已把麦当劳看作本土企业。在这些国家，麦当劳不仅被当地社团所接受，而且已被同化。它已不再被看作外国餐厅——而且在许多方面也不再是了。这家公司所作的已经不仅仅是将汉堡包推向全球，并且在改变着别国的文化。

麦当劳于 1955 年在伊利诺伊州的德斯普兰斯（Des Plaines）开设了第一家餐厅。如今，它在全球 6 个大陆的 109 个国家开设了 22 000 多个餐馆。1967 年在加拿大和波多黎各开设分店，是该公司走向国际化扩张的开始。

□ 汉堡包与文化一起走

在前 20 年的国际化扩张中，麦当劳平均每年在两个国家开设一个餐厅。在随后 10 年中（即1988—1998 年），麦当劳几乎占领了大半个国际市场，仅 1996 年就在 12 个国家开设了分店。事实上，1996—1999 年，麦当劳进入了 31 个新国家，并且最终到达 109 个国家。在这个商业帝国，太阳永远不会落山。实际上，在地球上，最北部的麦当劳位于北极圈地区芬兰的罗瓦涅米（Rovaniemi）；最南部的麦当劳位于新西兰的因弗尔卡吉尔（Invercargill）。

□ 在俄罗斯的尝试

麦当劳于 1990 年在俄罗斯开设了第一家餐厅，从那时起，至少有1.4亿俄罗斯人曾在麦当劳餐厅用餐。但是，该公司对俄罗斯所作的贡献远不止将汉堡包带到莫斯科这么简单。对大多数俄罗斯人来说，麦当劳是他遇到的第一家具有两种基本消费理念的公司——顾客是上帝，不同地区的不同连锁店能够保证相同的产品质量。这两种理念是世界上大多数消费者都很熟悉的，但在苏联，它们和资本主义一样让人们感到陌生。

在俄罗斯，消费者的地位很低。在苏联时代，质量标准根本就不存在。由于连续多年消费品的短缺，卖方而不是消费者才是上帝。当你从零售店买回一双鞋或一瓶伏特加时，无法保证其质量和之前买的是一样的。只有当麦当劳出现后，在俄罗斯才有了统一的质量和良好的服务。

"我认为不能低估麦当劳在教育俄罗斯的消费者方面的影响，"一位曾在莫斯科担任执行顾问的欧洲人说道。"麦当劳引进的质量观念改变了在俄罗斯曾有的买方和卖方的传统关系。麦当劳的质量和服务很快就成为俄罗斯人检验每一家零售店的标准。人们很快就对零售商有了更高的要求，他们会想：如果西方人能做到，为什么我们自己做不到？这是一个文化上的突破。"

□ 清扫房间

麦当劳公司还为俄罗斯设定了一套卫生标准——此前，俄罗斯人对公共厨房、公共厕所，甚至是最高级的饭店的脏乱环境早已司空见惯了。麦当劳将全球的卫生和清洁标准带到了这个国家，人们看到麦当劳的厕所一尘不染。厨房也都一览无遗地展现在消费者面前，一尘不染，极富效率。在此之前，俄罗斯人一直都认为他们最好不要知道自己吃的东西是怎么做出来的。如果他们见到了本国餐厅的厨房，他们很可能就再也不在外面就餐了。现在，俄罗斯的消费者们正期待着卫生状况更好的公共场合的出现。"这些都是小事，"一位管理人员告诉我们说，"我猜你可能也会说是麦当劳掀起了这场公共场合的卫生革命。以前厕所是人们尽量不去的地方，而厨房的环境就更可怕。现在，应感谢麦当劳引进的标准，促使很多饭店有了明显的改观。我认为这些变化不是自发出现的，而是源于外部力量的介入以及相应的文化的改变。"

第5章 习俗、礼节和礼仪

弱的习俗难以被察觉，但当它发展强大时就难以被打破。

——萨缪尔·约翰逊

在全球化时代，弄清楚一些基本的礼仪和礼节——别人期待你在正式或非正式场合应该有的言行举止——是一项重要技能。做到了这一点，人们就可以自信地应对各种文化的各种场景，商务人士就可以专心打点手头的生意，而不被诸如应该使用哪支叉子或者使用哪只手来递送食物这些表层的习俗所困扰。若不理解某些基本的礼节、礼仪，你会显得非常古怪，甚至有可能危及你公司的形象，或者导致你的公司不能建立对其开展全球商务活动至关重要的商务关系。最后，很好地领悟当地习俗、礼节及礼仪可以帮助你在竞争激烈的国际市场上成为出色的、精明的商业人士。当今世界对于很多生意来说可能确实是一个很好的舞台，但问题是还是有很多商人，就像奥斯卡·怀尔德（Oscar Wilde）一样用错刀叉。

礼仪——古代的艺术

礼节——根据社会传统衍生出来的指导人们正确行动的行为准则——和礼仪——外交官和商人们在正式场合遵守的礼节和仪式——都是古老的艺术。一位名叫普塔霍特普（Ptahhotep）的人——古埃及首都市长、埃及国王伊塞西（Isesi）（公元前2380—2340年）的大臣（大臣是古埃及任命的最高级官员），被普遍认为是第一个（有史料可查的）全面了解商务礼节及礼仪的重要人物。大约在公元前24世纪，他开始著书立说，为老板及雇员们写下了一系列指南，这些书被学者们认为是第一部与组织行为学和管理学有关的著作。

直到公元前1500年，埃及学派才不再使用普塔霍特普的著作——人们所熟知的《普塔霍特普指南》（*Instruction of Ptahhotep*），此时距离该书完成已经过去了900多年的时间。许多现代的礼节行为［“礼节”（etiquette）一词来自法语“入场券”］实际上源于17—18世纪的法国皇室，他们的行为准则传遍了整个欧洲皇室，并且最终被整个欧洲大陆的贵族们所接受。

古代的礼节和现代的礼仪

令人惊奇的是，几千年以前普塔霍特普给出的指南至今仍与一些国际商务人士的荣辱休戚相关。他建议不管是管理者还是普通雇员，都要处事公正、谦逊，重视人类需求。下面是普塔霍特普给出的关于商务礼节的一些小提示，它们已有将近4 000年的历史了。

□ 迎合老板的秘诀

“当你和上司坐在一起时，他们笑，你也笑。”

□ 如何爬上公司法人的宝座

“要告诉一位重要的上司什么是有用的；帮助上司赢得别人的认可，这也会对你有利，因为你的生计取决于你上司的成功，当你的上司得到提升时，你晋升的机会也随之增加，因为你的上司会帮助你。”

□ 如何做一名忠诚的雇员

“不要反对重要上司的行为。不要使有负担的人更加苦恼，否则会使他们对你产生敌意；如果你支持他们，会赢得他们的优待。你的上司是你的衣食父母，跟上帝一样，他们想要的就让他们拥有。当你的上司大发雷霆时要抚慰他。反对上司是愚蠢的，因为宽容的上司太少了。尊敬他人对你来说有百利而无一害。”

□ 给管理者的提示

在聘用顾问时，“不要自满，要虚心向外行人和学者请教”。

谁的得体的礼节？

在当今的商务世界中，得体的礼节的含义不仅指基本的餐桌文化（尽管在很多国家这都是一个起码的要求）和通常的礼貌性行为（比如，出门时让你的同事或者领导先走）这么简单。想一想有哪些因素会影响到你在别人面前留下的第一印象？这个单子能列很长，包括：你的衣着，你的职业形象，你的衣服及领带的颜色，你的形体语言，握手方式，姿势，在相互介绍时是否看着对方的眼睛，你的手常放在哪儿，你如何接受商务名片，你如何介绍自己以及名片的实际内容——这一切在你还没坐下来谈话之前就已经尽收他人眼底了。

许多有经验的国际商务人士会告诫你要“入乡随俗”。虽然说在诸如判断应该使用哪支叉子或者是要不要握手这些情况下，这一招也许是有效的，但在大多数情况下，入乡随俗都是说起来容易做起来难。此外，除了比较表面化的一些情况外，入乡随俗有可能会违背你的伦理观、道德观、公司的政策甚至是本国的法律。

无论哪种文化，得体的礼节都意味着在尊重别人的前提下，保持自己的价值观。你并不需要卑微地仿效别人的仪式和行为以讨好对方，而是应努力学习语言，了解共同的基本礼貌，避免任何公然的冒犯或令人非常不愉快的行为，别过度地关注那些敏感性问题，至少第一次不要这样。坦率地讲，对于第一次造访另外一种文化的人来说，他们对你并没有那么多的期望，随着访问次数的增多，人们才会希望你有更深入的理解。理解他人的礼节和礼仪的真正价值在于，做到这一点可以给你带来自信，你能留给同事更好的印象。

名字游戏

口误——例如，一个不了解对方文化的人在第一次接触时弄错了他人的名字——在国际商务活动中出现的频率远高于人们的想象。我们想不到比这更糟糕的了。如果你把准备工作做得很好，那么类似于没有对对方表示出足够的尊敬或者是叫错了对方的名字这样的错误是完全可以避免的。名字的叫法有很大的不同，即使在同一种文化中也有一些细微的差异，使得当你猜测一个人的姓名和头衔时好像在踩地雷阵。在大多数亚洲文化中，姓或姓氏放在前面。在西班牙文化中，大多数人有两个姓，一个来自父亲，一个来自母亲，这是个习俗问题。

没有任何简单的猜测名字顺序的方法可供采用。当谈到名字的时候，一个最佳的策略就是：要意识到在全世界有很多种不同的起名方式，它们之间的差别很微妙。如果你不是百分之百有把握，最好问清楚。问的时候要有礼貌，要了解这个人愿意被怎样称呼，然后再判断不太正式的叫法。名字游戏有时会有陷阱，但很容易避免。

□ 中国人的名字

大多数中国人的名字有二至三个字，每个字都有一个发音。和大多数亚洲人一样，中国人的名字是姓在先，名在后。例如，在“王泰浩”这个名字中，王是姓。中国人意识到大多数西方人不懂他们的取名体系，所以在商务场合，他们会有意识地留下一些线索或暗示以方便他人叫他们的名字。在保留传统名字顺序的同时，对于自己的姓，许多中国人或是用大写字母表示，或是在姓下面画线。因此，王泰浩可能会使用 WANG TaiHoi 或WangTaiHoi 这两种方式来写自己的名字。只有在极少数情况下，中国人的名字是反着写的，也就是把姓写在后边，这只是表示礼貌或对英美取名方式的一种让步。

中国人的姓常常是继承父姓，但是中国女性即使结婚后通常也会保留家族的父姓。女人正常情况下把丈夫的姓放在前边，然后是自己的名字，例如，赵玲嫁给王泰浩，她就会被称为王赵玲太太，在这个名字中，王是她丈夫的姓，赵玲是她自己婚前的名字。另外一种简单的、众所周知的称呼方式是王太太。现在，中国女性在商务场合不再使用丈夫的姓氏是一种越来越普遍的趋势。按照这种做法，尽管她已嫁给王先生，赵玲还是会被称为赵女士。人们很容易就能够理解，为什么问清楚对方希望被如何称呼是更恰当的做法。

警示☞

在很多中国—亚洲文化中，比如中国香港、中国台湾、新加坡等地的人们在出国旅游时，往往会使用自己的英文名字或者是使用自己的姓。这与其说是与其被殖民的历史有关，不如说是他们比较有商务头脑的体现。

□ 越南人的名字

在越南语中，先取姓，然后是中间的名字，最后是给定的名字。一个人常常只以名字和头衔来称呼。这些非正式（与职业无关）头衔基于谈话人的相对年龄。如 Nguyen Thanh Chinh 可以被称作 Anh Chinh（Chinh 老兄）、Ong Chinh（Chinh 祖父或 Chinh 长辈）或 Em Chinh（Chinh 弟弟），这取决于讲话人的年龄和地位。对妇女的称呼也大致雷同（Chi，Ba，Em）。

□ 日本人的名字

传统的家族名字，如 myoji，在日本出现在名字前面，但是这种起名方式大多只见于历史人物。今天，更常见的做法是按照西方人的顺序——指定的名字放在前面，家族的姓放在后边。所以，Sokichi Abe 可能被西方人称为 Abe 先生。像中国人一样，一些日本人把自己的姓大写或在下面画线，这样在与外国人交往时不致产生错误。日本人的名字让外国人感兴趣的是使用后缀作为称呼的一种方式。后缀表明了荣誉和地位。如果你不用后缀称呼人，那表明你称呼的人不是你亲密的朋友或年龄比你小、社会地位比你低。日本人的名字中最常见的后缀有：

San：（先生——日本最常用的尊称），在西方出于礼貌而称呼的对应词是先生、太太或女士，所以 Sokichi Abe 可以被称为 Abe San。

Sama：比 San 更加尊敬的词，常在通信往来中使用，包括商务信件。

Dono（殿下）：甚至比 Sama 还尊称，有时用于信件，几乎不用于日常对话。

Sensei：意思是"先生"，通常用于称呼老师、指导员或辅导教师。学生可以用这个词称呼大学教授，Abe 教授就可能被称作 Abe Sensei。

Senshu：日本人用于称呼超级明星的词，这一头衔只用于伟大的运动员。例如，日本伟大的棒球运动员 Suharafo Oh 就可以称为 Oh Senshu。相扑运动员 Sumo 有他们自己的后缀——Zeki。

Kun 和 Chan：用来称呼同龄的朋友或某个社会地位平等或低下的人。它与指定的名字用在一起。父母常用它作为对孩子的爱称。Kun 用于男孩，Chan 用于女孩，所以 Sokichi Abe 的父母称他为 Sokichi Kun，称他的妹妹 Miho 为 Miho Chan。

□ 朝鲜人的名字

把姓放在前边，紧随着的是指定的名字（即名）。大多数朝鲜人有两个指定的名字，像 Roh Tah Woo 或 Kim Young Sam，在朝鲜文化中采用个人的名字或指定的名字作为一种称呼，仅限于家庭成员或亲密的朋友之间。礼貌头衔被广泛使用，特别是在国际商务中，同事之间仅称其姓就可以。已婚的妇女不采用其丈夫的名字，所以你很可能听到的是 Roh 先生介绍他妻子 Kim 太太——她未婚时的名字。

□ 俄罗斯人的名字

在与商人们洽谈时，无论是和海外访问者，还是和本地的商人，俄罗斯人都高度重视正式性。俄罗斯人在与你初次见面时（这一点与印度大陆一样）将会称呼你的商务头衔，如公司董事史密斯或公司财务主管琼斯，你也应该以同样的方式称呼俄罗斯人。尽管这听上去有点别扭，但使用头衔（董事长 Koslov）已成为被人们接受的习俗。如果你对商务名片上的头衔产生怀疑，而直呼其名，这对俄罗斯人来说是一种侮辱。

和西方人一样，俄罗斯人的名字也是名在前（imya），中间是第二个名字（otchestvo），最后是姓（familiya）。奇怪的是俄罗斯人的第二个名字源于父名——取自父亲的第一个名字。以 Mikhail Seigievich Gorbachev 为例，Mikhail 是名，最后的 Gorbachev 是姓，中间的 Seigievich 的字面含义是"Sergie 的儿子"。俄罗斯妇女在自己的姓和名字后面加个"a"（是阴性的结尾）。例如，Raisa Gorbachev（Mikhail 的妻子）在俄罗斯被称为 Raisa Maximova Gorbacheva——阴性词尾"a"加在她的姓和父名 Maximov 后边。一旦你与俄罗斯人的关系迈过起初的相识阶段，也可直呼其名字或父名作为一种不太正式的称呼方式。

□ 西班牙人的名字

在大多数西班牙文化中（阿根廷除外），每个人有两个姓，一个来自他的父亲，另一个来自他的母亲。父亲的姓列在前面，常常以此来称呼某人。那些不熟悉拉丁式名字结构的人常把父姓误认为名与姓之间的名字。以 Julio Cortez Garcia 为例，Cortez 是他父亲的姓，Garcia 为他母亲的姓。如 Senor Cortez 娶了 Rosa Perez Carrera，她太太名字就会变成 Rosa Perez de Cortez。若他们的孩子取名为

Pablo，全名应为 Pablo Cortez Perez，既取了父亲的姓，又取了母亲的姓。

在许多讲西班牙语的国家，将父母的姓用一个连字号连起来作为最后的姓是很常见的，例如，Cortez-Perez。有多种选择用于称呼已婚的妇女。一旦结婚，Rosa Perez Carrera 可以被称为 Señora Rosa Perez Cortez、Señora de Cortez（字面意思是 Cortez 的妻子）或者 La Señora。

在这个例子中，Rosa Cortez 永远不应该被称为 Julio Cortez 太太——一种在北美常用来称呼已婚妇女的方式，像俄罗斯人一样，许多拉丁文化将第一个名字作为爱称，所以 Francisco 变成 Paco，Guadalupe 变成 Lupe。访问者避免用此名，除非特别请你用这个名字。

□ 印度人的名字

印度人总的说来不用家族的名字，取而代之的是他们用父亲名字的第一个字母，所以，V. Naipal 真正的意思是 Naipal 是 Vijay 的儿子。他倾向于被称为 Naipal 先生。同样的名字结构也适用于女性。但如果一个叫 P. Samateer 的女士嫁给一个叫 V. Naipal 的男子，她将被称为 Samateer Naipal 太太。另外值得注意的一点是：当与西方人做交易时，为方便起见，印度有长名字的人会将其名字缩短，如 S. Ramsanlati 可能会被缩短为 Ramsan 先生。

□ 阿拉伯人的名字

在阿拉伯，一个人无论有何种头衔，人们都会直呼其小名。一个叫 Abdul bin al-Qazar 的博士，可能被称为 Abdul 博士，“bin”这个词的意思是“谁的儿子”，由于它经常代表家谱，所以它可以多次地出现在名字中。另一个常见的名字结构是 Abd（是一个追随真主的标志），所以，Abd Al Qazaral-Haj 博士也可叫作 Abd Al-Qazar 博士。许多人都希望获得 Haj 的称号，如果他去过伊斯兰教徒的朝圣地麦加（麦加是伊斯兰教最神圣的神殿）。

□ 关于名字游戏的一句话

名字的确是个语言迷宫，要想避免在名字方面犯错误，最好的办法就是提前做好准备。弄懂一国文化中起名的规律和你到达后即将接触的人的名字是很重要的。如果你不能确信正确的发音和词的顺序，可以向语言学校或本地的翻译服务机构进行咨询。当你要与陌生人会面时，集中精力研究一下对方的名字，这和你被介绍给别人一样是很重要的。停下来时别只想下一步你将说些什么，而是要听人们的介绍。当你准备与对方握手时，要正视对方的脸，在对话过程中可以重复对方的名字，可以问名字的拼写和发音。告别时，甚至讲一段话后，要说完名字后再说再见。

面对面的招呼

一旦你掌握了某种文化的名字结构，下一个重要环节就是如何与外国同事用形体打招呼。并不是所有人都赞赏拍背以表示亲密，或采用众所周知的美国式紧紧握手来打招呼。美国人认为日本人传统保守的打招呼方式（鞠躬）显示出他们的清高和不相信人。选择采用哪种打招呼的方式应由来访者决定，不过在国际商务活动中，入乡随俗是上策。

□ 各有特点

每种文化都有自己认可的打招呼的方式，具体来说则主要取决于该社会正式化的程度。社交距离礼节的规则因文化不同而不同。例如，非洲人打招呼时远不像欧洲人那么讲究步骤和节奏。在大多数非洲文化中，人们习惯用身体打招呼——长时间握手或者把手放在对方的肩上。他们可能还会问你一些诸如你的旅途是否顺利、你的家庭是否安好之类的问题。这一传统的打招呼方式源远流长，那时候非洲人要走好几英里路才能见到人，热情的招呼被看作村里人对来访者最起码应讲的礼貌。别对这种长时间的交流不耐烦，别催促令事情太快结束。相反，要对接待方能花那么长时间真诚地询问你的情况表示感激。

在阿根廷，人们打招呼时感情往往非常外漏，要有许多拥抱和亲吻，而不像法国人那样只在脸颊两侧挨一下。在商务会见场合，阿根廷人也会这样打招呼，除非是非常正式的会面。在阿根廷，男人吻女人，女人吻女人，但男人不吻男人。相反，在中国，人们打招呼时会避免身体接触，打招呼的方式常常是点点头，轻微地弯一下身子。然而，当迎接来自不同文化的客人时，较为直接的身体接触习惯是握手。别把轻微的握手或很少的眼神接触看作软弱或缺乏进攻性的表现，这只是因为中国人与陌生人打招呼时，不愿意公开地用身体接触对方。

□ 空间冒险

在伊斯兰文化中，应特别注意同异性打招呼的方式。在伊斯兰国家从事商务活动的非伊斯兰妇女有权利决定打招呼的方式。她也可以决定在相互介绍时是否要和对方握手。如果有人犹豫不决或不太情愿握手，不要感到惊奇，因为两性之间的身体接触是被限制的（接触范围差别很大，主要取决于伊斯兰文化的影响）。对于男人来说，与伊斯兰教妇女打招呼有不同的规矩，其中第一条就是从不把吻女方作为打招呼的方式；此外，你永远不能首先伸出手来，而要等着看她是否主动伸出手。如果她这么做了，握手是可以的；否则，用语言表达问候就足够了。

最后，每一种文化都有自己的空间规则，例如，澳大利亚人、阿根廷人以及大多数亚洲人都愿意在介绍过程中挨得很近，几乎就是面对面。北美人和许多欧洲人对这种侵犯“私人空间”的行为深感不适，并认为这是一种激进的姿势。在大多数阿拉伯文化中，若强调某一要点时，男人会直接抓住对方的手臂和肩膀。

与名片有关的礼节

递名片的过程是影响你留给外国商务伙伴的第一印象的环节之一，而且在许多文化中，特别是在亚洲，交换名片是一种有意义的礼仪，而不是什么随意的事情。在日本同在世界其他地方一样，互换名片也是非常正式的一件事情。

当前，将你的名片译为你即将访问的国家的本地语言，不仅是必要的，而且是一种起码的礼貌。双语名片是一种习俗，一面印有本国的语言，另一面印有你要交往的对方国的语言。如果你作的是单面名片，请把印有字的那一面朝上递给对方；如果是双语名片，注意要将印有本地语的那一面朝上。在俄罗斯人面前，千万别把名片扔到桌子对面或丢在桌子上，这是一种很不礼貌的举止，或者说是缺乏文化教养的表现。亚洲人也认为这样做是一种极其粗鲁的举动。

□ 特权阶层

在与一群外国人接触时，要把你的名片递给最高级别的人或代表团的领导。这是为了表达一种敬意，也避免了在领导还没收到名片之前就把名片先递给了级别低的成员，对方会觉得很为难的场景。在大多数亚洲文化中，用双手呈递名片表达了对礼仪的尊重和赞赏。最好的做法是在呈递名片时用双手拿住名片的两个上角。同样，你也应该用双手接名片。一旦收到名片，花点时间读一读它——不要仅瞟一眼，也不要故作研究。常常是花适当的时间重复地看一看这个人的名字，这有助于你把这个人的面孔与名片联系起来。

在日本和许多其他亚洲文化中，若把对方的名片直接放在衣服口袋、钱包或名片盒中，而不留出充足的时间去看一看，对对方是一种侮辱。在日本，特别是第一次会面时，最好把对方的名片放在你的桌前，这是最尊敬别人的标志。（这条规则不适用于韩国人，在韩国，你若盯着名片看或尊敬地把名片放在桌上都是奇怪的举止。在那里，人们只看一眼名片，然后将其装在衣袋中，随后参考便可以了。）你若在名片上写点什么，将会被看作粗野的和不尊敬人；对待名片要尊敬。理想办法是把携带的名片放在小衣袋、小名片盒或名片夹中。

在伊斯兰世界，左手被看作不干净的。甚至在许多非伊斯兰国家或亚洲和非洲地区，传统习惯也是偏向于用右手，而不是左手。所以当呈递或接受名片时请用右手。

在欧洲和北美洲，人们不太看重名片，名片只是用来在闹哄哄的会议中找人用的。如果你在这些国家销售产品，买主将只注重你的产品，而不是你的名片。

名片游戏的规则

- 将你的名片译成当地语言，这不仅是出于礼貌，而且十分必要。要让名片为你服务。
- 永远记住在呈递名片时，要让印刷面朝上，若是双语的，让印有当地文字的那面朝上。
- 直到介绍完时再呈递名片。
- 呈递名片时要按对方的级别，从高到低呈递。
- 内容：包括你的姓名、职务；在某些文化中，常常要包括你的学历（或学位）。
- 头衔往往比较令人困惑，而且常常翻译不准确，如果你的头衔是国际上不常见的，如学习办公室主任，要避免采用本国文字描述你的社会地位和工作，而要使用主宾国熟悉的术语或概念。别使你的工作头衔升级。此外，要保证翻译的准确性，不要把销售部副主任变成副销售部主任。
- 著名的或商标的首字母缩写（如 IBM）不需要翻译出来。
- 多带些名片，名片不够用会显得很尴尬，在某些文化中会被看作一种对人的侮辱。

● 许多执行官带有两类名片，一类用于相互介绍，没有直接接触的信息。另一类用于严肃的交往，包括详细的联络信息。

● 永远尊敬地对待商务伙伴的名片。

聊天的禁忌

闲聊是世界上最常见的事，但它可能是个地雷阵，把整个商务关系从一开始就摧毁了。避开这一陷阱的最佳方案是把谈话内容从一些基本的禁忌，如政治、宗教、种族等消极的历史话题，转向不太容易引人激动的话题，如运动、家庭、食品或旅游经历。如果你的主人非要坚持讨论一些易引起争论的话题，重要的是多听，保持开阔的心胸，让这个人发泄一下情绪通常是一个上策。

在国民感情容易冲动的国家（俄罗斯人以爱冲动和好争论而出名），要避免谈论有争议的话题，办法之一是让他们的冲动行为有利于你。别打断他们的谩骂，让他们自行消耗掉他们自己的感情。当他们说完后，你将发现他们不再像开始发生争论时那么激进，很可能会妥协，至少让他们能看到你的观点有价值的那一面。

在你访问一个新文化、新国家时，明智的办法是获得一些有关该国历史的知识。这样做不仅将使你了解所学东西的来龙去脉，而且能帮助你避免触及该国的历史性失误。少点挖苦多提及体面而不是有争议的过去，不失是一种给商务伙伴留下好印象的方式，否则难以进一步发展潜在的商务关系。

社交的重要性

在大多数文化中，商务日程很难在下午五点前结束。事实上，在北美以外的许多国家和地区，太阳落山才是开始建立“严肃”关系的好时光——此时对圆满完成商务任务至关重要。这个社交时机常常比白天早些时候正式的商务洽谈更容易使一笔交易成功。这并不是因为手头的实际商务细节需要在此时讨论，而是因为双方的相互关系巩固增强了。

然而，许多文化对商务聚餐吃什么并不太在意。在美国，在就餐时探讨某些细节并不会被认为是没有礼貌的行为。对于把工作和娱乐同时进行的做法，美国人的态度是这代表你很看重这笔生意。但是，早餐时最好不要谈生意，这时是忙里偷闲的最好时机。

□ 努力工作，尽情娱乐

无论你在哪个国家，接受对方工作时间以外的邀约是非常重要的一件事。以晕车、不饿、有病、戒酒等理由为借口，拒绝邀请是对主人的不敬，往往会被认为是高傲的表现。你也可能会因此错过和对方建立商务关系的机会。

当然，吃饭时间因国家而异。你需提前了解每种文化在吃饭方面的规矩，才能制订相应的计划。在许多拉丁文化（包括几乎所有拉丁美洲国家、意大利和西班牙）中以及中东地区，中午饭是一天中的主餐——这时也是建立商务关系的良机。在自助餐厅里早饭不要吃得太饱，午饭时你还需陪你的外国同事吃七道菜的大餐。要记住，早饭吃得清淡些——晚饭在许多国家很晚才吃，而且很清淡，午饭才是主餐。

□ 进餐焦虑

如果你去其他国家，尝试一些异国的菜品是你迟早要面对的事情，而这些菜表面听上去或看起来可能会令人厌恶。大多数商务人士都有第一次吃什么的故事，例如，他们第一次在韩国吃狗肉，在沙特阿拉伯吃羊眼，在美国吃撒上干辣椒的热狗，在南非吃河马排。记住，如果拒绝吃这些食品，就等于拒绝主宾国的文化。有时，你甚至无路可逃，只好“为团队吃一点”——正像美国人常说的那样。唯一的办法是保持一无所知，别问太多的问题，只是品尝和享受这些食物。如果这种食物看上去太恶心，试着小口咬然后快速地吞下去——你甚至根本没有品尝它。对某些食物的厌恶感，95%是大脑的问题。鳄鱼的确尝上去像鸡——其他奇怪的肉尝上去也是如此。谁知道呢，如果你能在吃这些东西时想起家乡类似的菜，你也许会尝尝。

饮酒的礼仪

在许多文化中，酒一直是最大的促进要素，它如同解除人际关系紧张气氛的润滑剂，很像汽车的刹车一样使正在进行的商务交易最终成功结束。美国商界的聚餐中严禁喝酒，但在世界大多数国家，商务人士仍然习惯在午餐时或者是有关商务工作结束后喝一点酒。

在许多国家，如俄罗斯和韩国，能否在较短时间内喝下（至少是尝试喝下）大量的酒，仍被作为衡量一个男性的标准，在一定程度上也是衡量女性强弱的标准。在一些亚洲国家，特别是中国和俄罗斯，正式的干杯仍然是惯例（但千万别邀请主人干杯）。谈话应愉快和风趣，避免用深奥的词语，语言应简洁，避免敏感话题以达成双边合约。这种场合的气氛应该是令人愉快的，而不要将其当作评论社会现象的舞台。

俄罗斯或许是世界上最具饮酒文化的国家。在俄罗斯，若不喝伏特加就不算一顿完整的饭，伏特加在该国有很大交易额。仅白酒在俄罗斯的零售商品中就占5%。在俄罗斯，酒只要开瓶就必须喝完，这与根深蒂固的俄罗斯文化传统不无关系，而与酒的瓶盖能否再封好无关。

□ 冲破障碍

在许多亚洲文化中，如在俄罗斯，几乎难以避免饮酒。在一种严格的等级文化中，如韩国和日本，酒能帮助人们冲破严格的等级间的障碍，引入一点非正式性的东西。一般传统是主人和宾客轮流斟酒，互相劝对方一口喝完。

对于某些不愿喝酒的人来说（除了宗教理由），逃避喝酒像是逃避一种社会礼仪一样。不管你是否承认，在大多数文化中，大量饮酒是可以接受的行为，人们可能会不相信那些喝酒有节制的人，不愿意与他们做生意。在社交活动中，喝酒是建立人际关系的一部分。

如果你不赞成喝酒，你就不要与人来往。表现出高人一等的自制态度，可能会成为人际关系的杀手，然而为了避免过量喝酒，巧妙的托词常常是有必要的。不止一个商务人士在喝了一两杯酒后就装醉，这是避免多喝酒的一种方法。有一位英国银行的首席执行官回忆起他是怎样重复地用水代替伏特加酒应付他的俄罗斯同事的。他往往喝上一口水，而他的俄罗斯同事就得喝三四杯酒。随着夜晚的到来，这种局面很容易收场，而没有被发现的危险。

社交性喝酒对女士有不同的规则，这一点将在以后章节探讨。

警示☞

如果你是一个强壮的男子汉，当你在亚洲旅游时，你可能会面临主人甚至是陌生人的喝酒挑战赛。韩国人和越南人在这方面尤甚。这里的关系很微妙，通常你可以拒绝这种挑战或者是让你的对手获胜。如果你赢了，那么除了有人没完没了地继续向你挑战之外，不会有任何好处，只能损失更大。

全球着装规则

不管你是否已经意识到了，你都在通过着装与人交流，你的发型、你的鞋，甚至你的指甲都会传递某些信息。服装可能使一个男人更加男性化，女人更加女性化——你的形象作为第一印象会长久地留在别人心目中。着装是商务人士成功的关键。当你想展示出一定风格时，不要显得太艳丽或过分刺眼，这会让人心烦意乱。服装应该充当背景衬托出你的个性和使命。怪异的发型、浓妆、过多的珠宝、刺鼻的香水味（科隆香水）都会有损你的职业形象，给你的外国商务伙伴传递错误的信号。

尽管在大多数文化中，富有的人倾向于表现自己，特别是谈及衣服及首饰时。但如果你是做商务访问，千万别戴几克拉的首饰，也不要穿皮草。来访者显示富有的最好办法是展示出自然、安静、良好的品味。这一规则有一个例外，即戴上等的手表是成功和富有的象征，这在每一种文化的国际商务场合都是适用的。

□ 保持简洁

随着商务国际化的到来，男女服装已经呈现出国际化穿着标准的明显倾向。一套非常合体的深色套服——通常是蓝色、灰色或黑色——会适合大多数正式社交场合，甚至包括出席晚宴或观看演出。在许多非正式社交场合，穿得漂亮些对达成交易会有好处。实践经验表明，穿着得体是非常有必要的。

对于在全球范围内飞来飞去的人来说，若是去热带地区，如非洲或中东，着装规则基本相同：一件浅色的衬衫——最佳颜色是白色——外加一条标准领带。长袖衬衫是必要的，在工作时间之外会面也可以穿短袖衬衫。

要记住，对于女性来说，穿裙子和礼服比紧身短裤更加合适，这在世界任何地方都适用。事实上，在一个男权社会，想要打破职业女性的标准形象是很难的。

警示☞

尽管大多数“标准商务打扮”是西式的，有些文化鼓励来访的一方穿本地的服装。热带气候国家比如撒哈拉以南非洲和东南亚等地区一般是这样。

□ 颜色是很重要的

选择深色的、保守些的服装令对方不悦的可能性最小，这种想法应该没错。但是在选择男性或女性配饰时则潜藏着很大的风险。其中最显而易见的风险是配饰的颜色——你所选择的领带或者围巾的颜色。在不同的文化中，不同的颜色有不同的内涵。例如，全世界的人们都把太阳看作黄色的，但在日本，它显然被看作红色的。红太阳是该国最重要的象征，这从日本的国旗就可以看出来。当日本的儿童把太阳画成红色并发现西方人认为它是黄色时，会感到很奇怪。

实际上，你身上配饰的颜色有可能意味着对外国东道主的不敬，当然，如果搭配得当，则会给对方留下积极的印象。例如，在中国，红色被看作婚嫁中的传统颜色，被认为是吉利的色彩，因而一条红领带被看成积极的征兆。然而，当一位妇女头戴白色围巾时则会招来同情的目光，因为白色在中国是象征哀悼的传统颜色。

一位曾访问沙特阿拉伯的商人记得他有一条亮绿色的领带，它使几个商业伙伴赞叹不绝。绿色是穆斯林喜欢的颜色。然而这个访问者并不是故意奉承哪种宗教，他选择绿色是因为那天是圣帕特里克日（St. Patrick），另外，他还想要炫耀他的爱尔兰祖籍。他不明白为什么沙特阿拉伯人会在乎爱尔兰的节日，当他更熟悉那儿的宗教后，他才发现他的绿色受欢迎的真正原因。幸亏他在捷克共和国没系绿领带，因为在那里绿色是毒药和毒素原料的象征。

一些国际风格

许多国家都以自己的时尚文化为骄傲，并夸口有自己独特的风格。的确，一些服装在一个国家可能完全被人接受，而在其他国家则可能被看作太随便的、不合时尚的。人们穿着最为随意的国家，如以色列，也越来越接受“国际性商务制服”，即深色的套服和时髦的领带。如果你不确定应该怎么穿，那就尽可能庄重一些。毕竟这样一来你可以随时扔掉领带，让自己看上去随意一些。

□ 美国：有时令人迷惑

就好像你不能只凭一本书的封面就判断其好坏一样，你不能仅仅根据穿着判断商务伙伴。侍者穿着晚礼服，而硅谷技术奇才们身穿短裤和 T 恤衫，商店售货小姐很可能比负责后台工作的女首席执行官穿得好。对于硅谷和好莱坞以外的商界，访问者常被建议穿保守的套服和系领带，女士也要有风度，要穿保守的裙子或与裤子相配的上衣。过分时装化除了在时装界和音乐界外，一般不受赏识。与中西部或南部地区相比，在东海岸和西海岸穿着经常会触及种族问题。

□ 法国：时髦和质地

正像众所周知的那样，法国人对上好的工艺、昂贵的料子、创意和风格的鉴赏力绝对不是空有虚名的。作为中产阶级的经理可能不会拥有大量的服装，但他们的确拥有较高质量的服装。法国商业人士偏好穿“制服”，并很善于使全套服装有很讲究的小配件（如提包、手套等）。他们身着深色套服，配上五颜六色的领带或手提一个精心设计的箱子。他们从不放松领带或卷起袖子，那是不讲究的做法。法国女商人更是精致。她们那涂着漂亮的指甲油的指甲和高跟鞋丝毫不会影响她们的商业敏感性。对外国人而言，要想赶上法国的时尚标准确实是个挑战。我们的建议是最好不要与法国人比外表。你要做的只是确保你的穿着整洁、得体、品质精良。法国人无法容忍不修边幅行为——也就是说，用心留意你的穿着。

□ 俄罗斯：鞋很重要

俄罗斯人一谈到服装，特别是商务装扮，对外国人期待很高。他们仅凭服装便能很快地对人作出一个判断——他们首先留意的是鞋子。你会注意到他们在第一次会面时首先要看你的脚。（这是苏联时期保留下来的习惯，在那个年代，市场上最短缺的是鞋，他们所拥有的鞋样式都很旧，湿了就彻底坏了，样式新颖的鞋都是进口的。那些有途径拥有进口物品的人一定是有社会地位的人。）俄罗斯人的时尚品味与欧洲国家或美国相比有很大的不同。非常时髦的俄罗斯妇女更倾向于华而不实的装扮，喜欢高跟鞋、紧身衣、浓妆和夸张的发型。

俄罗斯人对财富的概念还很陌生，倾向于过分打扮，商务人员也是这样。他们喜欢显示珠宝、昂贵的手表以及他们得到物品的途径，以给来访的一方留下深刻印象。

□ 南非：守旧的高雅

准确地说，南非与世界时尚没有什么太大的关系。那里的人衣着风格简单，有时较守旧、高雅，更倾向于西方或美国风格，而不是非洲风格。人们做生意时要穿长袖衬衫，而不是短袖衬衫——短袖衬衫显得太随意了。这是一个男性主导的文化，女商务人士很少穿裙子。

□ 巴西：随便而高雅

像法国人一样，巴西人着迷于时尚，但比法国人更随意。在许多机构中，打不打领带对于高级管理人员是随意的，着装的正式性随地区或城市的不同而异，如在里约热内卢要比在巴西利亚更随便，因为巴西利亚是巴西的首都、政府的所在地。然而，对于来访的外国商务人士来说，安全的做法还是应该穿得保守一些，是否需要打领带应确认后再作决定。

□ 沙特阿拉伯和其他伊斯兰国家：庄重胜过舒适

尽管很热，本地人和外国人同样认为庄重胜过舒适。至少在最初的会见中，男性来访者穿“制服”——深色套装和领带——更为适宜。别担心舒适性的问题——到处都有空调。西方女性并不被期望穿传统的黑色面纱和披肩，但她们要把手臂、腿和脚踝部分都遮住。穿长裙是最适合的，袖子要到肘部那么长或更长，领口要高，把那些没背或没袖的衣服留在家里穿。那些敢于穿着短裤在公共场合露面的西方商务人士在很多阿拉伯国家的当地人看来，就好像是穿着内衣在到处逛一样。

□ 以色列：更为随便，但……

直至最近，对于以色列人来说，正规的着装仍然是干净的衬衫和新牛仔裤。在这个国家，领带曾一度被禁止使用，因为它表明了一个平等社会的阶级差异。以色列商人不一定穿西装、打领带，这是一个没有真正着装规则的国家。在经商时，穿得舒服些，更为随便些，有宾至如归的感觉。

□ 印度：英国的传统

在印度，商务着装令人惊奇得正式，这可追溯到英国统治时期。保守在这儿是上选。来访的外国商务人士要注意，不要穿戴或者携带皮具，这样做会被视为对印度人的侮辱。对这个人口大国来说，牛是神圣的。

□ 日本：保守但品质更高

大多数日本企业家都有高品质的服装和一个令人烦闷的衣柜。保守的套服、白衬衫、无法令人兴奋的领带，这就是他们一天的生活秩序。对于女性来说，时髦的裙子和低调的装饰更为合适。记住，这个社会更珍视集体和睦而不是个人主义。日本人是有时尚意识的，但更注重品质而不是流行样式。体现在商务服装上，就是追求昂贵的手工制作的服装，以及奢侈但是低调的配饰。对一些小细节也会给予足够的重视，包括皮带、鞋子、领带、公文包和钱包。日本人很反感邋遢、褶皱的衣服，夏天的时候，日本的企业家们一天可能要洗两三次澡，换两至三套衣服。他们期望来访的外国商务伙伴能表里一致地看待他们。到日本访问的女商人的穿着至少应该保守一点，要戴珠宝首饰，不要忘记喷香水。

饮食方面的礼仪规则

虽然说各种文化都有自己独特的饮食习惯，下面罗列的关于饮食礼仪方面的一些小提示适用于所有的文化。这份清单包含了全球各国都可以接受的习俗和常识。你在进餐中的举止会极大地影响你在商务伙伴心目中的形象。

● 在所有人都入座之后，把餐巾放在你的腰以下及大腿的前部，小心别让餐巾在桌面以上发出声响，而是要在桌子下面水平打开，放在腰腿之间的部位。如果在吃饭期间要离开，把餐巾放在椅子上或放在你的盘子的左侧。千万别放在你的盘子上。当这顿饭结束时，把用完的餐巾放在你的右侧。

● 直到每位客人都被安排好了或主人邀请你进餐，再开始吃。

● 前臂放在桌上是可以的，但肘部不行。在某些文化中，特别是在亚洲，如果你把手放在桌子下面会被人看作粗野的行为。

● 在欧洲、亚洲和非洲国家，在整个吃饭过程中都应保持餐具（尤指刀、叉、匙等）干净，如果有食物沾在上面，用一片面包把它擦掉即可。

● 在专心进行桌面上的交谈时，不要用刀指什么或做手势（或用其他餐具做同类事），这会被看作最糟糕的行为或没有教养。

● 在欧洲和非洲，沙拉是在主餐之后才上的菜；在美国，沙拉是在主餐开始前就上的菜。

● 在大多数欧洲和中东文化中，咖啡是在甜点之后才上的，吃完乳酪就结束了这顿饭。在美国，乳酪常常被作为餐前的小吃。

● 正式敬酒时，要紧随主人，在许多亚洲文化中，只有具有同样身份的人才相互敬酒。

● 在添加任何佐料（包括盐）前，要尝尝你的食物。如果不尝就加佐料会被看作粗野的行为，它实际上可能反映了你性格的不良方面，即暗指你是一个不做事前检查就匆忙作出决定的人。

□ 在某人家吃饭时

● 如果你比大多数人到达得早些，并已经入座，当给你介绍其他第一次见面的客人时，无论男女你都要起立。

● 在大多数文化中，空手拜访他人是一种不礼貌的行为。尽管过分浪费是不必要的，给女主人送一束花是最好的选择。在有些文化中，特别是在法国，人们认为以酒作为礼物是社会阶层较低的人才做的。

● 仅吃你盘子里的食物，并赞扬男主人和女主人，在大多数文化中，没把食物吃完，在主人心里会留下不良印象。

● 在家里吃饭时，当佣人或雇佣人员服务时，你应该有礼貌，但并不需要过度友好。别让这些人加入到谈话之中，这不仅会使你的主人不高兴，也会使被雇用的人感到不自在。

● 当不知道如何做时，看看别人怎样做。

● 在大多数亚洲文化中，把鞋子放在门口是比较得体的做法。要学着主人的样子去做，别坚持穿鞋子。要小心别穿有漏洞的袜子。

□ 筷子：一个特殊的例证

亚洲人吃饭服从世界各地的常识性规则，但谈到用筷子，还是有些要注意的地方，其中包括：

● 当你决定接下来要吃哪盘菜时，别到处挥舞筷子。

● 千万别把筷子插在如米饭等食物中。

● 避免用筷子把盘子拉向自己，而是要用手把盘子端起来。

● 用筷子戳食物上部是不礼貌的。

● 吃完饭后要把筷子放在筷子托上，正如你开始吃饭时筷子摆放在那儿一样。

并不是所有亚洲人都用筷子吃饭（如泰国人和菲律宾人就是例外），也不要跟他们要筷子，这会被看作是一种无礼。

● 如果你来自西方国家，你的主人惊奇地发现你会用筷子，他们可能会夸奖你。这一点你应该接受，不过这应该被看作对你文化敏锐度的赞赏。

注意事项清单：如何准备一次访问

无论你是到一个拥有全新文化的国家旅行还是到那里进行商务活动，或是被邀请来访，为了确保进展顺利以及避免交往中的麻烦，你应该注意一些基本问题，具体如下：

● **姓名。**直接得知别人的姓名，提前练习一下称呼一些比较麻烦的姓名，了解姓和名的先后顺序。

● **打招呼。**当你与你的商务伙伴打招呼时，他们是否期待身体接触：一次拥抱、紧紧地握手，还是说他们禁止身体接触？如果在代表团中有女性，要确定身体接触在打招呼中是否可以被接受。

● **食物。**如果你身处一个新的文化中，要弄清楚吃饭时间，弄清楚哪顿饭是主餐，从而据此制订计划。如果你是一次招待会或晚宴的主人，要留意哪些食物会惹恼客人（例如，别给穆斯林客人提供猪肉、别给印度客人提供牛肉）。在准备宴会时，要寻求当地人的帮助。

● **聚餐入座。**如果你是某次商务宴请的主人，记住，有些文化要让代表团的高级官员坐在受尊敬的位子上，应随之准备好座位安排。

● **着装禁忌。**要深思熟虑，知道穿什么衣服不会惹恼别人。在印度别穿皮衣，不论你在家里还是要出门。面对来自穆斯林文化的人，妇女要穿得端庄些，不露手臂、不穿短裙。

● **颜色。**记住颜色在不同文化中有不同含义。白色在西方是在节日场合穿着的颜色，但在中国它代表哀悼；紫色在泰国代表悲伤，在中国台湾则代表忍受病痛，而在尼日利亚却代表财富。

一些文化上的怪癖

商务旅行者对一些文化应了解些什么？

□ 美国

● 在世界其他国家，打断别人说话是粗野的表现，但美国人常常打断彼此，结束另一个人的谈话。

● 许多美国人认为 13 是个不吉利的数字，编号时高层建筑物会从 12 层跳到 14 层，整体越过 13 这个数字。

● 商务交流和谈判常常是非正式的，即使是正式的，它们也比大多数其他文化少一些正式性。

● 美国人生性率直，愿意讲心里话。他们没有“面子”的概念（第 13 章将讨论这个概念）。当他们不同意时，他们就说不——这一事实常使来自不赞赏这种直率文化的其他文化的人感到尴尬。

● 美国人具有健康意识，不经允许从不吸烟，这并不是修养的问题，而是在大多数公共建筑物里吸烟是否合法的问题。

□ 墨西哥

● 在墨西哥商界，重用亲戚，注重裙带关系，这是可以接受的。对此若有任何批评会被视为一种无礼。

● 午休仍然是很常见的做法，甚至对首席执行官也是如此。生意可以推迟到晚上，以此来弥补中午的休息时间。

□ 阿根廷

● 阿根廷人很重视心理分析，这个国家夸口说，他们从事心理分析的职业医生在世界总人口中所占的比例最大。许多工业企业、商业和贸易联合会都设有自己的专门诊所，以此作为正式员工福利的一部分。

● 阿根廷人的举止比其他拉丁美洲人更为正式，像英国人一样，他们严禁非正式性和随意性，因为这会给人留下一个坏的印象。

● 阿根廷人不像其他拉丁美洲人那样，而同欧洲人和北美人一样有很强的时间观念。不确定或不准时的现象在阿根廷是不常见的。

□ 沙特阿拉伯

● 要慎重表达你的愿望，因为如果你公开表示羡慕沙特阿拉伯人拥有的某种东西，他就会感到有必要把它送给你——即使那是他所珍爱的，所以奉承时要小心。

● 别有意地询问对方的妻子或女儿，那会显得不礼貌，相反，应问候整个家庭或对方的儿子。

● 对正与你谈话的人来说，你的视线看着脚底是不礼貌的。

● 像所有穆斯林文化一样，尽管你习惯用左手，但在这儿要用右手。左手被认为是不干净的，专门为在厕所方便时用的。

□ 德国

● 隐私很重要，德国人希望你在打开办公室门前先敲门。

● 在所有欧洲人中，德国人对个人空间最重视，不喜欢别人介入。与陌生人或不熟悉的人谈话时，要保持多达两英尺（60 厘米）的距离。

● 与别人握手时，另一只手还在口袋里是粗野的，这会被看作不礼貌的行为。

□ 中国

● 避免“4”这个数，这个数字不吉祥，因为它听上去像“死”。中国的建筑物经常没有 4 层。

● 不能用红墨水写信，它很大程度上与火的破坏性相联系，但是可以用红色的纸做包装或做文具。

● 中国人会对社会地位留下印象。在交流信息时，要展示知名的商业领导人、海外的中国人、前政府官员的介绍信，这些人曾与中国友好往来过，在中国享有很高的地位，借此可以提高你的地位和被认可的程度。

● 避免趾高气扬或过分自信，儒家认为庄重是行为的标准。

□ 法国

● 直到法国人笑，你再笑。法国人认为笑是虚假的、孩子般的行为。如果你朝一位法国男人笑，他会认为你在嘲笑他；如果你朝一位法国女士笑，她会认为你在调情。

● 不要随便指指点点，要想指什么人或物，要用展开的手掌去指。

□ 日本

● 尊重等级是很重要的，如果你在招待日本的访问代表团，把他们安排在饭店里，要确保最高级别的管理者要比较低级别的管理者住的楼层高。

● 在公开场合擤鼻涕被认为是很令人恼火的事，用手帕捂着擤鼻涕被看作不文明的，最好的办法是用可扔掉的纸巾。

● 只有小孩子才在街上边走边吃东西。

□ 俄罗斯

● 俄罗斯人有着令人难以置信的封建思想。尽管他们会对自己的信仰开玩笑，但大多数人会承认他们给祭台投过钱。与此相提并论的是他们令人惊奇的迷信，社会最高层也信先兆。有这样一个例子：在 1986 年发生了乌克兰切尔诺贝利核灾难之后，传言红酒可以防止和治愈核放射，人们对此达到痴迷的程度，政府为该地区提供了大量红酒，红酒简直成为药物的替代品。在那里没有人报怨，红酒几乎变成神丹妙药。

● 星期一被看作不吉利的日子。如果你发现很难把会见安排在星期一，不要觉得有什么奇怪的。

● 如果你忘了带什么东西，把它丢在了俄罗斯，他们认为你还会回来取。

□ 印度

● 作为一种骄傲，政府官员们坚持把孟买（Bombay）称为 Mumbai，然而许多商务社团的人们偏好用老名字。在与你的交流中，政府官员仍把孟买称作 Mumbai。

● 印度人推崇他们的各个少数民族之间的差异。举例来说，印度卢比纸币用 13 种语言命名，其中包括印地语、英语、乌尔都语、孟加拉语、泰米尔语、古吉拉特语、马拉塔语、泰卢固语、比哈尔语、旁遮普语、拉贾斯坦语、坎纳拉语和马拉雅拉姆语。

第 6 章 跨文化交流

在世界上，最不可逾越的障碍是人与人之间思想上的不同。

——威廉·詹姆斯

在国际上做生意意味着你将与讲不同语言、生活在不同文化之中的人们有越来越多的接触。在这个过程中，最简单的交流方式都会成为一种挑战。要知道，文化的差异仅是这一过程中的第一步。能否学会处理这些差异，进而能否利用这些差异为你服务，是决定国际商务活动成功与失败的关键。当今世界上有多达 6 200 种语言，仅仅通晓某种语言不足以帮助你有效地和他人进行交流。要想高效地完成与他人的交流，你还必须了解人们的思维方式、价值观、社会习俗和来自不同文化的人们是怎样处理信息的。

高速路、低速路

举例来说，正像第 2 章中提到的，根据接收和处理信息的方式不同，文化可以分为高调文化和低调文化。来自低调文化背景的人们，如美国人和德国人，在和他人交流时看重准确性，会提供大量的细节，并假定和交流的另一方享有相对低层面的共有知识。与此同时，高调的文化（如亚洲、拉丁美洲）恰恰相反，建立人际关系在商务活动一开始时就显得尤为重要。了解你的潜在贸易伙伴的思维过程将有助于你选择交流方式、制定策略，以使你的商业机会最大化。

当你企图进行跨文化的交流时，要记住两个实践规则：（1）别太自信。你应当假定对方在信息接收和处理过程中与你有很大差异。别把思维过程不当回事，即使某些人和你讲同一种语言，他们和你的思维方式或秉持的价值观也可能不一样（一个例子是阿根廷人和西班牙人，尽管他们讲同种语言，他们在商务处理和交际正式程度方面却有天壤之别）。（2）尽量用精炼的语言来介绍你的职位。要想确保对方能够很好地理解你的意思，应尽量采用直观的说明或通过清晰、简洁的书面形式加以介绍。

责任

不管说话的一方和倾听的一方分别来自哪种文化，在跨文化交流中，他们都有义务保证对方可以最大限度地理解自己的意思，最大限度地减少双方之间的误解。交流双方要确保口头或非口头信息之间的一致性。说话的一方要用准确简洁的描述性语言来传达信息，并且应该要求听他说话的一方作出反馈，以证明后者准确无误地接收到他的信息了。要给倾听的一方充足的时间和机会提出问题——要确保自己有足够的信心，不会被对方所提出的问题难住。

接收信息的人在交流中要做积极的倾听者，将注意力集中在双方所交流的信息方面。倾听的一方要在适当的时候作出回答或反应，而且假如对信息的语调和内容有什么疑问的话，最好问清楚或者要求对方作出进一步的解释。提问题以及要求对方将信息重复一遍要比一知半解或者是对自己搞不清楚的问题作出错误的假设好得多。

谁讲什么

如果按照以某种语言为母语的人数多少这个标准来衡量，英语在世界范围内只能位居第四位，排在汉语、印地语、西班牙语之后。然而如果以世界范围内可以说和听懂该种语言的人数为标准衡量，英语是第二大最常用语言，仅仅排在汉语之后。事实上，你只需学会 6 200 多种语言中的 6 种（汉语、英语、印地语、西班牙语、俄语和阿拉伯语），就能够与地球上一半以上的人交流。

全球商务语言

如果只是因为讲英语和懂英语的人数巨大，并不足以很好地解释英语为什么会成为人们在国际商务、越洋电话中，甚至是互联网上使用的主要语言。（在互联网上的所有信息中，80%是用英语阐述的。美国主导着全球的计算机，英语则主导着互联网。）英语在商务活动中的广泛应用，至少自20世纪以来，应该主要归功于美国经济实力的提升、英属殖民地的扩大，以及帝国主义与商业的结合，所以许多学者相信英语具有作为世界商务语言的基础。在大英帝国达到其霸权巅峰时期，其他欧洲语言，特别是法语的国际地位日趋下降。当然，还有其他一些因素，也使英语成为全球商务语言。英语以它的多样性和易改变性而著称，这就导致英语以多种形式存在，在日常生活中使用英语的文化背景也各式各样。另外，英语在与其他语言的接触过程中也在不断"成长"，从而英语成为一种混合语言，可以不断迅速地演变，以满足新的文化和交流的需要。

或许，英语之所以能够成为全球商务语言，与全球讲英语的人持有的财富量有关。据美国乔治敦大学的研究人员估计，说英语的人所创造的总产值占全世界国民生产总值的33%；讲日语的人占9%；讲德语的人为8%；讲法语的人占6%。英语之所以成为世界商务语言，是因为讲该种语言的人是世界上最擅长经商的人——至少用财富总量来衡量是这样的。

□ 混合语和英语

对来自不同文化的那些遵循纯正本地文化的人们来说，最大的懊恼就是世界经济的全球化迫使商业人士寻找某种共同的语言。虽然对任何一位商业人士来说，不考虑自己的对手来自哪个国家，一律假定对方在商务活动中会说英语是很愚蠢的，但是对方说英语的可能性确实大于任何其他语言。英语、法语、德语以及西班牙语已经成为在欧洲被广泛使用的语言，世界上大多数国家的学校里也会开设英语课。英语教学也促进了高等教育和成人教育的国际化。

随着英语在国际商务活动中的作用逐渐增大，熟练掌握英语已成为通往国际就业市场的敲门砖，成为划分富人和穷人的标准之一。要想在国际舞台上大展拳脚，具备英语听说能力是先决条件之一。

尽管英语已成为商务活动中使用的共同语言，但世界各国讲英语的方式有很大的差异，而且差异是如此之大，人们甚至可以将不同国家所讲的英语看作是同种语言的不同方言。例如，中国香港一家管理咨询公司就发现，世界各地的人们至少使用10种英语方言——从美国英语到英国英语，从中国内地英语到中国香港英语。更极端一点，来自世界不同国家的人们甚至无法理解彼此的意思，即便表面上看起来他们说的是同一种语言——英语。

英语：同词不同义

如果问有什么人可以进行跨文化交流的话，你或许会认为是美国人和英国人。毕竟，他们有着共同的渊源，使用同一种语言即英语。但是若把一个英国商人和一位美国企业管理者放在同一房间，他们在交流过程中随时都可能会出现交流失败或者是误解对方意思的状况。通过下面对同一个词的不同解释的例子，可以证明这一点：

● Bomb。这个词在美国的意思是彻底失败，“这个项目彻底失败了”（This project went a bomb）；但是如果一个英国人说“This project went a bomb”，那么他可能想要表达的意思是项目取得了巨大成功。

● Table。在美国，如果你说“table a proposal”，是指你打算把议案放在一边，也许不是永远。然而在英国，“table a proposal”是指提出议案，将它拿来考虑并最终采取决策。

其他类似的问题还包括：在英国，当你称某人是一个“Sod”时，你不是在说他是一块草皮，而是说某人是个傻瓜或者说这个人不可信。在谈到学校时，也会发生混乱。英国人嘴里的“public school”（公立学校）是美国人所说的“private school”（私立学校）的意思。美国的公立学校在英国被称作州立或政府办的学校。

由此可见，如果说使用同种语言、生活在两种类似文化中的人在交流过程中都会碰到这样那样的问题，可想而知来自完全不同的文化、讲完全不同的语言、持完全不同的哲学、采用完全不同的信息处理方法的人们之间要想相互传递一个微妙的信息会有多么困难。这也是在和一个与你使用并非完全不同的语言，甚至哪怕使用和你本国的语言同源的语言的人进行交流时，要不断试探对方是否真正弄清楚了你的意思的原因所在。

变化的英语

一些不太习惯以英语作为商务语言的国家创造了很多英语衍生词汇。法国人就花了许多时间创造法式英语——也就是用法语单词拼凑出英文的意思（比如，法语中的 le weekend 是周末的意思，le jumbo jet 则代表喷气式飞机）。还有一些国家则是将英语引入本国语言以添补空缺，特别是在商务中。例如，俄罗斯在朝市场经济迈进的过程中，就将英语词汇引入了俄语，特别是通过看字读音教学法这个后门添补了空缺。下面是几个例证：

● Biznesmeny（biz-ness-MYEN-nee）：指从事西方商务的人，也可以表示为 bizness。另外，这个词还有财富、世俗以及“阴谋家”（带有贬义）的意思。

● Bucky（BUCK-see）：指商人所追求的东西——金。来源于“bucks”一词，在美国俚语中它指美元或现金。

● Griny（gree-NEE）：绿色，钱的颜色，特别指代美元。

● Franchaizy（fran-CHAIS-ee）：指与俄罗斯最热门的出售特许权有关的人。

● Komissioner（co-mi-shen ER）：这个单词并不是指很重要的官员，而是指某个凭借获取佣金来赚钱的人，通常指销售人员。在俄罗斯，佣金还是一个很新鲜的概念。

● Konsultant（con-sul-TANT）：商务顾问。这是苏联时期闻所未闻的一个职业，但现在这是那些有着人脉关系的人在这个新兴市场经济中进行投资的最快捷方式。

语言的微妙性

那些来自低调文化的人们（例如美国人）——对这些人来说，字词的含义是最重要的——从来不认为拒绝一笔交易是什么难事。当他们想表示“不，我不感兴趣”的意思时，他们就简单地说“不”，然后继续其他话题。他们不会给对方留下质疑或者解释的余地。然而，在世界大多数文化中（亚洲、非洲和中东），人们对“面子”极为重视（对“面子”的详细解释请参见第 13 章“跨文化谈判”）。丢面子意味着破坏集体的和睦，让组织蒙羞或者使个人丧失声誉和信誉。

在高调文化中（如日本、中国、肯尼亚、沙特阿拉伯），人们发现很难直接用“不”字作为回答。可能他们想要表达的意思是“不”，但他们从不生硬地这么说。不能直接说“不”的一个关键理由是，非洲人、阿拉伯人、亚洲人希望与对方继续维系良好的人际关系——高调文化中商业活动的生命线。他们害怕一旦生硬地说个“不”字，会永久地损害自己的人际关系。在亚洲文化中，团体的和睦是不惜一切代价也要维护的，至关重要的是避免任何有损这种和睦的行为和言论。

在对一个问题、一个请求、一个建议加以否定而不说“不”字方面，这些文化中的人们具有很强的创造性。如果你对这种语言的微妙性不敏感的话，很容易就会忽视其背后的含义。下面是非洲、亚洲和阿拉伯文化中常听到的典型回答，它们听上去虽然不是否定或者拒绝的意思，但真正的含义很可能就是说“不”。

- 我不得不考虑一下。
- 是，这听上去有趣，但会有些困难。
- 我需要与我的上司核对一下。
- 我将尽力，但我不能保证。
- 这可能需要花点时间。
- 我非常兴奋，但听上去很复杂。

警示☞

记住，商业活动的进展通常由买方主宰。卖方，无论是主还是客（来自西方还是东方），通常负有准确传达自己意思的责任。

避免俚语带来的陷阱

要想把讲别种语言或靠翻译交流的商务伙伴搞糊涂，最快捷的方式就是多用俚语或当地习语。习语是一种特定用语，是在某些特定的地理区域使用的一种独特的表达方式，通常不可能从字面表达形式上推测它的含义。例如，大多数非西班牙语国家的人们，如果听到讲西班牙语的人说“Vete a freir esparragos”（其字面意思是“去油煎芦笋”），或者是其他国家的人们听到一个美国人说“go fly a kite”（“去放风筝吧”），他们很有可能会摸不着头脑。其实这两句话所表达的含义是一样的，即“走开，别来烦我”。类似的是，如果一位讲英语的人说某人该去“见他们的滑铁卢”，大多数亚洲人都明白那意味着失败了。但是假如一位日本人对非日本商人说“Odwara hyojo”（小田原委员会），对方可能并不知道这是俚语，用来指代一个拖了很长时间的无效谈判（这个习语出自几个世纪以前，当时的日本军阀委员会就如何保护小田原城堡争论了很长时间，等到他们终于达成一致意见时，敌人已经占领了这个要塞）。

□ 体育用语

虽然美国人很可能会因为把运动术语作为俚语用于商务谈判之中而感到内

疚，但他们可能并不是唯一会犯这种常见错误的民族。一位美国人告诉来访的俄罗斯商人，他的公司必须组建自己的“运动团队”（运动习语，指大家在一起工作），还要“争夺本垒板”（一种棒球运动用语，指要负责任），并设计一个“战术”（一种美国足球运动用语，指一个策略性计划），“挤其他骑师”以占领有利位置（一个赛马术语，指处于优势地位），以完成这笔交易，否则这位俄罗斯商人和他的翻译就有“出局”（棒球运动中指失败）的风险，他们将被“留在场外”（棒球运动中的一种表达方式，指没有任何机会）。尽量避免使用体育用语。这些用语也是世界范围内被滥用得最多的习语，那些不熟悉你们的文化或者是相关运动的人可能根本不知道这些单词是什么意思。

国际习语

所有文化都有一些自己的具有独特含义的习惯表达法，其中有些表达法虽然字面上看并不完全一样，但是可以和你本国语言中的一些表达法相对照，以便更好地理解其含义。通常来说，具备一定常识的商旅人士可以猜测出这些表达法的基本含义。甚至可以根据这些表达法编制一个有趣的小游戏。以下是一些例证：

意大利语	字面意思	实际含义
Nudo come un verme	像一条虫子一样裸露着	像鸟一样裸露着
Pigliare due piccioni con	用一颗豆子捕获两只鸽子	一石二鸟
Tandare a singhio	打着嗝儿走	有间歇地移动
法语	**字面意思**	**实际含义**
C'est du Chinois	它对我来说是中国式的	那个我可一窍不通

Epargne ta salive	请保留你的唾液	别白费口舌
Revenons à nos moutons	让我们赶回我们的羊	让我们言归正传
西班牙语	**字面意思**	**实际含义**
Poner el grito en el cielo	朝着天尖叫	由于紧张而考试失败
Estar vivo y coleando	活着并且摇动你的尾巴	活蹦乱跳
Vete a freir esparragos	去油煎芦笋	走开，别来烦我

与日本习语有关的特别提示

提及习语和俚语时，如果不提日本习语及其用途——日语中常常通过使用色彩丰富的图像和图表细节来体现某个要点——显然是不够的。下面是商旅人士经常会碰到的一些日本习语的例子：

● *Ate-uma*：同美国短语"蹑手蹑脚的马"意思相近，它是指公马挑逗母马以使其与之交配。在商务场合，这个短语的意思是用来试探对方真实想法的假提议或初步拟定的谈判要点。

● *Daikoku bashira*：原意是指支撑建筑物的柱子。在商务习语中是指能使公司或工作团队黏合在一起的人物。基本意思是有力量的柱子。

● *Gaden insui*：这个习语的字面意思是"把水放进自己的水稻田中"。在商务场合，它是指商人试图操纵各个方面以使会谈朝着有利于自己的方向发展。在英语中，与其含义大致相同的短语是"吹你自己的喇叭"。

● *Tsuru no hitokoe*：当一群鹤在吃食时，总会有一只鹤放哨。当这只鹤发出信号时，这群鹤会毫不犹豫地一起飞走。在每一家日本公司，总会有一只鹤——一位执行官——放哨，他的话就是法律。

● *Gaku Batsu*：这是英语"老友网"的日本说法，通常是指一个公司中毕业于同一所大学的人。

电话礼节

电话已经诞生了几十年了，现在已成为国际商务活动中的重要通信工具，然而很少有人想过他们自己在打电话时表现如何，电话另一端的人对他们的言行会有怎样的反应。在用电话交流时会碰到文化差异，而仅仅因为你在使用电话交流就忽略两种文化之间存在的差异，这样的做法显然是错误的。一位英国商务人士说，当他在打国际长途电话时，他不仅会试图想象同他谈话的人的样子，还会构想出对方所处的实际环境。“当我同一位在巴黎的合作伙伴讲电话时，我的脑海中会设想出两侧种满绿树的巴黎大街，这会提醒我不能像和身在美国纽约的伙伴讲话那样随便，要更加彬彬有礼，更注重举止，”他说。

□ 这么近，那么远

重要的是要记住，你与海外合作伙伴的第一次重要的私人接触往往是通过电话进行的。你是在对方心目中树立起良好的形象、建立起潜在的人际关系，还是一开始就把事情弄得一团糟，一切取决于你在电话中的举止。记住，如果你们双方之间存在语言障碍，那么一定要耐心，要保持幽默感。英国一家广告公司的负责人回忆了她与肯尼亚内罗毕的一家广告公司进行电话联络时所遇到的麻烦。肯尼亚接待方讲着地方口音很重的英语，理解起来很困难。“我们根本无法顺畅地沟通，她一直在问我的名字，我一遍又一遍地告诉她我叫‘Fiona（菲奥娜），Fiona’。最后，我只能拼写给她听，‘F是Freddy（弗雷迪）的第一个字母，I是India（印度）的第一个字母’。就这样大约一个小时之后，我收到该公司一位管理者打回来的电话，说要找一位叫弗雷迪的人。很明显，对方把首字母为F的弗雷迪听成我的姓。幸运的是，这个电话直接打到我这里。当接通时，我们都哈哈大笑，就这样，我们总算有了个良好的开端。”

□ 打越洋电话的基本规则

● 在你拿起电话前，要知道对方当地的时间，没有什么比仅仅因为你不了解时差，就在半夜把对方从床上惊醒来接你那无关紧要的电话更难堪的了。

● 记住，要对接电话的一方以及他们文化中的个人生活方式以及习俗保持敏感。要把打电话看作和对方在草坪上面对面交流一样。伦敦的一位投资银行家说，当他给一位日本同事打电话时，他甚至试着学鞠躬。他认为这样做会使事情有所不同。

● 尽量尝试着用不那么复杂的语言。因为在电话中你看不到对方面部表情的变化，也看不到他的肢体语言，所以你很难判断对方对你所表达的意思的理解程度到底如何。用词越是简单，被对方误解的可能性就越小。

● 语速不要太快。讲话要慢并且要清楚。

● 准备好你要说的内容。写出文字性的东西，或者列出你要谈及的几个要点。清楚地告诉对方你打电话的理由和目的。一定要充满热情。

● 要面带微笑，就像你在与对方面谈时所作的那样。这会使你的声音听上去充满自信，令人感到愉悦。

● 当你在听对方讲话时要聚精会神，不要打断对方的话。人们常常有在打电话时注意力分散的毛病。在打越洋电话时，要认识到稍不注意你就会误解所接收到的信息。在通过卫星电话沟通时，要注意时滞问题。

● 在和秘书或者是接线生打交道时，在某些文化中，提醒对方准备好纸和笔记下口信是非常重要的。注意，一定要让她们重复口信的内容，重复你给她们的电话号码。仅仅因为打电话者自以为接电话的人清楚地明白了口信的内容（但是实际上他们没有）而导致交易泡汤的例子并不少见。

● 一旦电话交谈开始变味，重要的是要有外交风范，不要冒昧地仅仅因为一个电话就毁掉双方之间的关系。要显示出急切解决问题和冲突的愿望。要知道，在电话沟通的情况下，如果发生冲突，你没有机会像双方面对面接触时那样以友好的姿态或者是在工作结束后约对方出来喝一杯，来弥补损失。

● 试着在当天给对方回电话。如果因为时差的原因没有办法做到这一点，最迟第二天也要回电话。不回电话是最赤裸裸的不礼貌的行为。

当你用电话与对方沟通时，你传递的仅是你的声音。要充分利用你的声音为你服务。要自信，要有目的性，但不能自傲。要记住，在建立一种新的关系时，电话沟通和人与人会见同等重要。打电话也要像安排人与人见面一样提前做好准备。如果你还不能应付挑战，再多花点时间准备。

□ 免提电话

如果你们使用的是免提电话，首先要问打电话的人参加电话交谈的人员的姓名、职位，参加对话的人数及房间里还有哪些人。

□ 电视会议

作为一种节省旅行费用、增加接触频率的方式，许多跨国公司越来越多地使用电视会议。尽管它还不是面对面的接触，但也是一种折中的办法，介于看不到面孔的电话交谈和直接会面之间。通过电视也可以有限度地读懂肢体语言，出于这个理由，讲话人要确信自己希望传递的信息和肢体语言一致。那些没有参加直接对话的人忘记了他们的动作或者反应可以被对方看见是经常会发生的状况。丝毫不留情面的评论或厌烦的动作通过录像机传到对方那里该是多么令人吃惊的一件事情——信息的传递者对此甚至毫无知觉。

□ 语音留言和答录机

没错，如果你的电话被转到语音留言或答录机，确实会令人感到很恼火。但是在留言时不要表露出这一负面情绪，否则可能会起到反面效果。面对语音留言，可以参照下面给出的这些小技巧：

● 准备好清楚、简洁、有目的性的信息，必要时打一个草稿。

● 理想的留言长度要少于 30 秒。

● 告知对方你讲话的时间和日期。

● 在开始传递信息前，要告知对方你的名字、电话号码。如果打国际长途，要告知对方你所在城市或国家的代号，并且要慢慢地重复每一个数字。

● 在结束留言时，态度要积极、乐观。

第 7 章

非语言交流

他准确地了解一言不发那一刻的心理活动。

——奥斯卡·怀尔德

很多时候，重要的往往不是你说了什么，而是你没说出来的那些。一个眼神、一个敏锐的手势、摸一下下巴都比言语更富有表达力。无论你是否意识到这一点，你常常在一言不发地交流你的感情、反映你的心情。你的外在就是非言语交流的一种形式。你的姿势，你的面部表情，你与别人眼神的接触次数和接触时间，你所用的手势和肢体语言也都是非言语交流的形式。甚至你对一项建议所表示的沉默——所谓含蓄地停顿——也是一种非言语的交流。这种交流对发声的语言是一种补充，它可能常常成为你同一位讲你听不懂的他国语言的异国商业伙伴的第一次交流。

有研究表明，一个人所讲的词汇远不及肢体语言所传递的信息重要。研究者估计，观众只能听懂整个信息的实际内容的不到10％，大约30％归功于一个人讲话时声音的高音和次中音，60％的信息来源于非言语交流，如面部表情和手势等。

如果一方通过肢体语言如摇头传递出了否定性信号，那么哪怕其嘴里给出的是积极的评价，另一方也会更倾向于接受肢体语言发出的否定信号而不是口头传递的积极信息。很少有商务人士会花时间注意甚至是掌控这些非语言信息。若能够利用非语言交流为你服务，那么在跨文化交流过程中你就有了一个很大的优势。

文化差异

理解非语言交流是一门真正的艺术——这主要是因为不同文化的非语言交流之间存在着巨大的差异。文化决定着你与对方谈话时应保持多远的距离，或者是要有多少眼神的交流。文化也决定了我们用什么方式来表达恼怒、仇恨、信任和赞许等非语言信号。不要低估了非语言交流形式的文化差异。在一种文化中代表欢乐的手势，在另一种文化中可能表示粗鲁的侮辱。

让我们看一下一位英国商人在伊朗的遭遇：他一个月来事事顺利，同伊朗贸易伙伴建立了关系，在谈判中尊重伊斯兰教的影响，避免了任何潜在的、爆炸性的政治闲谈——这位企业家兴高采烈地签署了一项合同。签完字后，对着他的伊朗伙伴竖起大拇指。几乎是一瞬间，空气变得紧张起来，一位伊朗官员离开了房间。这位英国商人摸不着头脑，不知发生了什么——伊朗的东道主也觉得很尴尬，不知如何向他解释。

其实原因很简单。在英国，竖起大拇指这个手势的意思是“好，太好了，干得好”，而在波斯文化中，它是一种不满的表示，近似令人厌恶的。这位英国企业家说：“我一生中从来没有这样窘迫过。我感觉像个孩子在完全不知道其含义的情况下就喊出了一句粗俗的话。我的商务伙伴同意不纠缠于这件事，但我们之间的关系却因此被破坏了。他们并不认为我真的想要表达那个手势在他们文化中的意思，这一切仅仅是因为我对此一无所知。我一直在怀疑我究竟做错了什么？”

教训显而易见。有效地进行跨文化交流不仅仅需要理解书面和口头的语言，而且还涉及某个文化中可以接受的非语言形式的交流。在这种情况下，经验也许是最好的老师。

非语言交流的类型

即使在口头交流中，也会留有很大的模棱两可的余地，肢体语言更为不准确，人们需要十分小心地解释它。咧嘴笑、点点头、眨眨眼、皱皱眉并不一定有什么深刻的含义——尽管在某些文化中，这些面部表情确实代表了一定的含义。理解面部表情和肢体语言背后的含义的关键不在于这些表情和肢体语言表达本身，而在于一种肢体语言向另一种肢体语言的转变。

以一个人为例，这个人在你们开始讨论交流时就直接坐在了椅子的前边。这个动作本身毫无意义，只说明他这样坐着听别人讲话时舒适些，即向前倾坐在椅边。然而，在讲话进行了 30 分钟后，如果这个人更加向前倾，那就表明他有兴趣。但还是同一个人，如果在 30 分钟后开始向后靠，那就表明他对谈话内容失去了兴趣。

□ 学着观察

要想读懂一个人的肢体语言需要聚精会神和很强的观察能力，但也会出现出乎意料的事。读懂肢体语言的最有效的方法是分两步走。首先，在谈话初期紧张程度最低、话题较为友好时，要注意对个人举止进行观察。然后，随着谈话的进行，你可能会注意到对方行为或态度的骤变。记住：理解肢体语言的关键不在于某种姿势本身，而在于一种姿势向另一种姿势的转变。

但是，研究人员也警告人们在交流过程中应避免过度关注肢体语言。读懂肢体语言并不是判断一个人真实目的和诚恳度的万无一失的方法。这就意味着发明语言的一个重要目的是帮助人们欺骗对方，掩饰非语言交流中的一些真相——这很难成为一种合理的假设。

基本的肢体语言

□ 衣着和外表

有一种形式的非语言交流是你能够控制的，那就是你的外表。衣冠不整，一张没刮胡子的脸，太短的裙子或者太高的鞋子，都会给人留下负面的印象，至少他们会认为你是一个没有准备的、不把这次商务活动当回事的人。

从人类用动物的毛皮来遮掩身体以来，衣着的作用发生了很大的变化。时至今日，衣着被看作一个人的身份、阶层、职业的标志（商务人士穿套装、医生穿白大褂）。得体的穿着至关重要。这也许不公平，但这是事实。

□ 眼神接触

眼睛被说成人类心灵的窗户——它们可以展示口语所不能表达的更深层面的含义。眼神与眼神的接触频率依文化而异。例如，美国人认为正视对方是诚实和真诚的象征，它表明兴趣和注意力；而缺乏对视或把视线移开则象征着不真诚。

法国人则不同。眼神接触被看作是平等的声明，是一种在社交场合太过个人化而应该尽量避免使用的姿势。然而，在商务会见中，法国人至少也需要一些直接的眼神交流。拒绝看某个人的眼睛是一种不友好的姿态。最后，让我们再来看看日本人的情况。在日本，人们相信尽量少的正视是更高度的尊敬。把眼睛从一个商务伙伴那里转移开来，是尊敬和崇敬的象征。

□ 面部表情

研究人员估计，人脸可以表现出 25 万种表情。人类的感情如幸福和悲痛，在大多数文化中作为面部表情很难被隐藏。在适当的时间以适当的表情表达自己的感情是增强口头表达能力的最有效的方法。但即使是最基本的面部表情，如微笑，也依文化不同而不同。

例如，美国人认为微笑是一种高度肯定的征兆——一种传递亲切友好关系的信号。但是，法国人却对微笑持谨慎态度，特别是陌生人之间。法国人只有当有明确理由时才微笑。一份法国人力资源杂志列举了 13 种不同的笑和它们的含义，从微笑到胆怯的笑再到嘲笑。美国人若无其事地到处投放微笑，而对法国人而言，微笑是件严肃的事情。相比之下，日本人在商务谈判中几乎不会有丝毫的笑意。通常你唯一能见到笑容的时刻就是在双方达成交易的时候。一位日本企业管理者很可能把微笑解释为缺乏严肃性的象征——甚至是嘲笑的表示。

□ 人与人之间的空间

在某些文化中，人们把空间看作个人的领地而不能侵犯，这也是一种非语言形式的交流。通常用于描述人与人之间的空间的正式术语是 proxemics（空间关系学）。在谈话时人与人之间所处位置的远近反映了他们之间的关系。例如，研究者认为，在美国文化中人与人之间的距离是：

0 英寸~18 英寸时，这种距离比较近，仅供家人和好朋友之间使用；

18 英寸～4 英尺的距离适用于正常的人与人之间的相互关系；

4 英尺～12 英尺的距离适合社会咨询空间，用于更为正式的交流沟通过程。

在亚洲和阿拉伯文化中，谈到人与人之间的距离时是指最低限度的距离。在这些文化中，毫不在乎人与人之间的距离，如果你用人与人在谈话中保持的距离来判断他们之间的关系，肯定会得出错误的结论。对于习惯了与对方保持一定距离的商务人士来说，在碰到一个来自不那么在意个人空间的文化的商务伙伴时，最重要的是站稳自己的位置，不要向后退。因为向后退在这种情况下是对对方的一种冒犯，是粗野的表现，并且可能会导致这样一种滑稽的场面，即一个人在不停地向后撤，而另一个人则不断向前迈进以使他们之间的距离不变。

□ 姿势

当一个人呈直立姿势、肩膀向后、头抬得很高时，一般认为这个人比较自信、精力旺盛。另外，姿势也可以告诉我们一个人是否有交流障碍。一般来说，一个放松的姿势、一个舒服的坐姿、不交叉的手臂、不拘谨，都表明没有交流障碍。而另一方面，突然地转动、转换坐姿、交叉手臂或交叉腿，都是蔑视、没兴趣或不愿意听的姿态。一般来说，在大多数文化中：

- 消沉的姿态是低沉、失败或不感兴趣等低沉情绪的流露（在儒家文化中，这意味着内部缺乏和谐）。
- 向前倾表明开放和有兴趣。
- 向后靠或避开讲话人，表明防御姿态或不感兴趣。
- 交叉手臂或双腿是一种防御的姿态。
- 不交叉手臂显示出愿意听。

□ 沉默

保持沉默并非一种被动的行为。在不同的文化中，它的意义不同——在亚洲文化中，沉默甚至没有任何意义，而美国人、德国人、法国人和阿拉伯人则会把沉默看作一种否定的态度。同样，如果来自以上几国的商人在听取建议或推介后没有任何表示，就表明他们持否定的态度。然而，在亚洲文化中，沉默并不等同于失败或一种否定的态度。相反，可以简单地认为这表明执行官需要时间来消化这些信息，并将之加以应用。斯堪的纳维亚国家的人们也是如此，在推介或讨论之后，反应不像欧洲人那么快，而是需要更多的时间去思考。一方面，这种沉默对某些人来说很窘迫，而另一方面，要求某些人，特别是那些不把沉默看成一种否定的文化的人，对有深刻意义的事情立刻就作出答复的做法，显然是错误的。

□ 姿势

手势和身体姿势常常被用来强调某个观点，从而起到加强口头表达的含义的作用。如果使用恰当，它们会对观众有很强的感召力，但相反的情况也会发生。你可以通过一个传递了反面信息的动作，来削弱你希望表达的意思。作为一个听众，留意讲话人的手势、身体的姿势，可以让你更清楚地理解讲话人每句话背后的真正含义。需要提醒的是，手势随文化的不同而异。例如，OK——用拇指和食指形成个“O”字，并让其他手指微微翘起来——对美国人来说，意思是一切顺利，进展良好；然而对法国人来说，这个手势的意思恰恰相反，那就是一项提议绝对无价值，即“零”；对日本人来说，它既可以有正面的含义，也可以有反面的含义，但更多地用来代表货币，理由是用拇指和食指形成的“O”字暗示着硬币的形状。

□ 肯定和否定的肢体语言

在所有文化中，有一些基本的手势和动作的确有共同的含义。弄清这些手势的含义并不费脑筋。下面是一些带有肯定意义的肢体语言和姿势：

● **点头。**迅速地下意识点头表明你同意讲话人所说的话。它可以被看作听者对讲话人的一种鼓励，有激发他讲话热情的作用。当然，缓慢的一连串点头意味着你的听众正在打盹。

● **移动以靠近些，向前倾。**这对听者来说几乎是不可控制的行为，因为他们确实对谈话题目感兴趣。它也同样表明你已克服了最基本的阻力和语言障碍。如果你能让人坐在椅子的最前边，那就表明他们已被你吸引。

● **许多手的动作，如手掌伸开。**手移动得越快，表明讲话人与听众的互动越多。

● **记笔记。**记笔记显示出你对听到的内容很感兴趣，你很认真地对待这件事。这一现象在北美比别处更常见（美国人出席会议或推介会时，都备有笔和记事本）。然而，在某些文化中（德国就是一个例证），记笔记不是执行官的任务而是秘书的事，所以记笔记可以代表身份。

研究人员赞同这样的说法：负面的肢体语言可信度较差，它不像正面的肢体语言那样更能说明你的情绪和兴趣。听你说话的一方坐的椅子可能很不舒服，房间里的温度可能太高或者太低了，或者是他还没有从前一晚的社交应酬中恢复过来。但是不管怎么说，下面一些手势和动作都有负面的含义：

- **向后撤，靠后，远离讲话人。**这正好与向前倾靠近讲话人的动作相反，是听者发出的最强的、无法控制的反面信号。
- **两臂交叉。**一种蔑视的举动，表示在希望把信息传递给听者前，你需要克服障碍或心存怀疑。
- **用手托着脸。**这表示一位听众可能在听你所讲的话，但可能并不完全赞同你的观点。托着下巴而把肘靠在桌上通常意味着听者厌烦了。
- **转换位置。**如果不是听者的身体感到不适，那就表明厌烦或观点不一致，对有关内容或冗长的推介不耐烦。
- **打呵欠。**你已经失去了你的听众，应去除一些讲话的细节，在讨论中增加点让人感兴趣的东西。
- **眼睛四处看。**眼睛把房间四处瞥了一遍，茫然地盯着看，翻看印制的资料，看手表，这都是缺乏兴趣和注意力的表示。如果在你讲话快要结束时看到这些现象，应加快速度结束演讲。

读懂不同文化中的反应

成功地读懂肢体语言和不同文化中的手势的确是一门微妙的艺术。以下例证是从四种截然不同的文化中选取的，以说明肢体语言代表的含义可能会有很大的差别。

□ 读懂美国人

美国人高度推崇直截了当的性格。因为他们富有活力，不排斥让别人了解他们的感受，因此美国人相对较容易读懂。通常，他们会期待你能读懂他们的非语言信号。当他们烦躁和厌烦时，他们坐立不安。当他们不耐心时，他们在桌上用手指敲打。当他们准备离开时，他们看表。甚至当他们努力表现得很谨慎时，也很难隐藏他们的情感。他们的肢体语言会泄密。

对于美国人来说，握手是探测对手的好机会——握得越紧越好。在美国，直视对方是诚实和忠诚的象征。如果你想躲避握手就会被认为是在掩盖什么或歪曲真理。提高声调、激动的动作并不能代表美国人在生气。这可能是激情四溢或者兴奋的表现。如果美国人感到生气的话，他们会告诉你的。不确定或者是不同意某种观点时，美国人往往会耸肩或看向别处。指向某人用来弄明白某种意思是正常的，但是强调什么或反复地指指点点是煽动和侵犯行为。

美国人有时候会通过猛击桌子或突然站起来来表达自己的坚决、信念或者立场。挑一下眉毛或猛地向后缩一下头，则表明吃惊、不信任或惊讶。通常来说，面对美国人，你看到什么就是什么，故意欺骗不是他们的风格——即使他们想那样做，他们很可能也掩饰不了。

□ 读懂俄罗斯人

和在美国一样，握手在俄罗斯也是件严肃的事情。实际上，当俄罗斯人的肢体动作变得多起来时——拥抱、紧紧地握手、活力四射地拍拍某人的背以示亲密——这就说明你们的会谈进展得非常顺利，你们之间的关系——在俄罗斯，人际关系是一切商业活动的基础——正在朝着良好的方向迈进。相反，一张臭脸、基本没有任何肢体接触则预示着你们之间碰到了一些障碍。

俄罗斯人确实更习惯于使用肢体语言或手势而不是语言来表达他们对于某个人、某个想法，甚至是某个商业提案感到兴奋、赞同或者不赞同的态度。（一个很好的例子是20世纪60年代赫鲁晓夫在联合国用鞋猛敲桌子的场面。俄罗斯人确实相信肢体语言比简单的语言表达更富有戏剧效果，更能表达他们的强烈感情。）当许多俄罗斯商人板着脸坐在那里听你介绍时，你可以通过一些细微的线索，比如他们的面部表情和手势，来判断他们内心的情绪。眨眼和点头若来自俄罗斯人则是好的兆头。

美国商人倾向于从头到尾地微笑，而俄罗斯人则正好相反。（也有一种说法是，俄罗斯人大多患有慢性口腔疾病，这是他们很少笑的真正原因。）在俄罗斯，微笑是一种非常宝贵的表情，只有真正需要时才会使用。如果你环视整间屋子，发现俄罗斯伙伴们都在笑，那一定是个好的兆头。然而，要小心狰狞的表情——那意味着你没有得到俄罗斯伙伴的认可。即使你借助翻译人员和对方谈生意，也要尝试并且保持和俄罗斯伙伴直接的眼神交流。在谈话过程中看别处不仅会被看作粗野的表现，对方还会怀疑你是否有诚意。如果一位俄罗斯人避开你的眼神，那么对方所说的话的可信度很可能都不到一半。

□ 读懂南非人

鉴于南非人通常都非常有活力，总是那么健谈，因此他们的沉默意味着更多内容。他们很客气，如果你惹他们心烦，他们不像他们所羡慕的美国人那样直截了当地告诉你，相反，他们会选择隐忍。当没有人发问时，就是你应该离开的时候了——你已经失去了听众。南非人在谈话时常用手势，但如果用食指指点某人则意味着不礼貌、被看作向他人挑衅的意思。南非人在谈话过程中使用手势的次数，可以佐证他对某个话题或建议感兴趣的程度。在南非，把手插在口袋里和人说话也被认为是一种很粗野的行为。

南非人会用面部表情来表达他们对讲话人的兴趣和反应。这是一种高度进化的交流形式，是一个你是否一语中的的很好证明。在会谈中，南非人会相互偷递眼神，或者是偷瞄自己的老板，以判断应该如何应对。因为很多商业活动是建立在双方彼此信赖的基础上的，所以眼神交流是至关重要的，特别是在白人社团里。非洲黑人商人神经似乎比较大条，他们更喜欢身体的接触。一次热情的握手，紧接着双臂拥抱，这意味着你们的会见是成功的。

"在与南非黑人商人会见后，很容易判断事情的进展。他们总是那么彬彬有礼，比白人还有过之而无不及。他们更善于用肢体语言展现出他们是否赞成。"一位在南非工作了十多年的英国商人说道："在一次愉快的会面之后，我的南非黑人伙伴和我一道走去停车场，路上有十几分钟的时间一直把手搭在我的肩膀上。当时我就知道我们成交了。"

南非人希望得到别人的认可，似乎更欣赏正面的支持。如果你听一位南非人讲话，要用点头来表示你同意他的观点。这是一个高度肯定的肢体语言。如果你在适当的场合点头，这会使讲话人感到轻松自在。有些时候用语言表示赞同也是非常巧妙的做法，这会增加点头示意的效果。

□ 读懂日本人

日本人不喜欢见陌生人，讨厌身体接触，很少笑，避免直视对方的眼睛，严格遵守公共行为准则，包括对面部表情进行严格限制。日本人从小就被教会把感情隐藏在一个毫无表情、似乎对什么都无动于衷的面具后边。即使是穿衣打扮这样的非语言形式的交流，也被隐藏在保守的服装之内，缺乏个人风格。

在全球文化中，日本人从不外露，是掩饰感情的能手。他们的确是很难读懂的人。学会带上面具隐藏感情是成熟的象征。在日本文化中，感情的外露，甚至是不自觉的面部表情和手势，都被看作是不得体的行为。（记住，这是一个注重集体和睦、高度团结一致、压抑个人主义的国家。）

在他们被展示在公众面前之前，真正的感情必须经过深深扎根于日本公民心中的无数条社会行为规范和社会守则的检验。可以在公众场合展示的言行被称为 tatemae。按照 tatemae 准则说话办事是支撑日本社会和谐理念的基础。通常，他国的商旅人士说得最多的就是日本人那张面无表情的脸孔，或者是日本人的感情表达总给人一种不真实的感觉。这是因为在 tatemae 行为准则下，日本人能凭想象表现出某种情形下所需要的、访问者所期待的面部表情。例如，你可以预期什么时候可以看到日本人的微笑——交易成交的那一刻。在交易最终达成之前，微笑是违犯 tatemae 规则的行为。另外，有时，微笑是为了掩饰他们心中的不快。

日本企业家毫无表情的脸会让来访的商务人士心里打鼓，误认为这是他们对事情不感兴趣的反应。实际上，这张毫无表情的脸可能并不比那些嘻嘻哈哈上班时间想着下班后狂欢的做白日梦者更可怕。但是，由于日本人很少用手势或表情来表达自己的情绪，所以他们对你所表现出的肢体语言非常敏感——甚至，他们可能会过分夸大这些肢体语言所表达的含义。

世界通行的手势

正像前面所解释的那样，一个人表示肯定的手势在别人看来代表的是侮辱。这个世界充满了非语言手势，有些手势对来自不同文化的人来说意义也许完全不同。下面是从事国际商务活动的人很可能会遇到的一些手势。

□ “OK”

示意动作是由拇指和食指形成一个圆圈，在美国和德国，它的意思是“一切都很好”；在墨西哥，它的意思是情况是好的，并不是极好的；在大多数欧洲国家和阿根廷，它意味着毫无价值——一个绝对的零；在日本它是钱的象征，经常代表硬币；在西班牙、俄罗斯、巴拉圭、巴西和乌拉圭则被看作粗俗的手势。在突尼斯，它表示对身体的威胁。

一切都很好

- 美国、德国

情况是好的（但不是极好的）

- 墨西哥

毫无价值（零）

- 法国及欧洲大多数国家

钱的象征（硬币）

- 日本

粗俗的手势

- 西班牙、俄罗斯

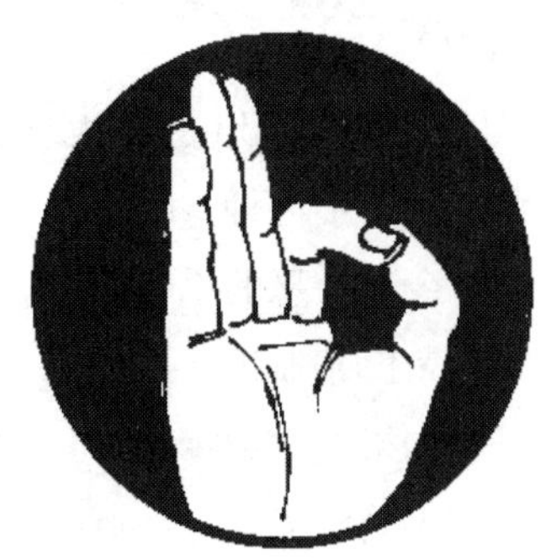

· 巴拉圭、巴西和乌拉圭

对身体的威胁

· 突尼斯

□ 竖起大拇指

在美国、英国和俄罗斯，它是赞成的标记；然而在伊朗，它是一种无礼的动作。它在澳大利亚也被看作一种粗野的手势。

赞成

· 美国

· 英国

· 俄罗斯

高度无礼

· 伊朗

粗野

· 澳大利亚

□ 拇指朝下

在美国和加拿大它表示反对；在希腊它被看作粗野的标记，并经常被骑摩托车者用来向疯狂驾驶者表示愤怒。

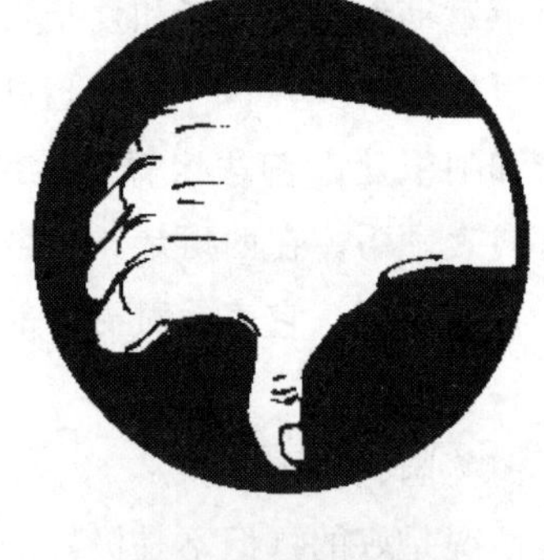

反对

· 美国

· 加拿大

粗野

· 希腊

□ 紧握拳头

在巴基斯坦是令人厌恶的手势；在黎巴嫩，在空中挥舞意味着憎恨的。

令人厌恶的手势

· 巴基斯坦

如果在空中挥舞——憎恨

· 黎巴嫩

□ “V ”

在英国和世界大多数国家，这个标记意味着成功，即用你的中指和食指形成“V”示意动作。它在保加利亚还示意数字“二”；在美国仍是胜利的标志。在美国20世纪60年代的嬉皮士时代，它还意味着和平。

<u>胜利</u>

- 英国
- 美国
- 世界大多数国家

<u>和平</u>

- 美国（20世纪60年代）

□ 见鬼去吧

在英国和南非，这是一种进攻手势，该手势类似于V手势，只是手掌冲里，向上伸出。

<u>进攻的手势</u>

- 英国
- 南非

□ 竖中指

在美国、欧洲大多数国家和世界其他地区，这是一种高度冒犯的手势。

<u>高度冒犯的手势</u>

- 美国
- 欧洲大多数国家
- 世界其他地区

□ 侮辱人的手势

这个手势在握拳时，把大拇指向上夹在食指和中指之间。它是男性生殖器的象征，在美国中部和土耳其被认为是极度无礼的手势。

<u>极度无礼</u>

- 美国中部
- 土耳其

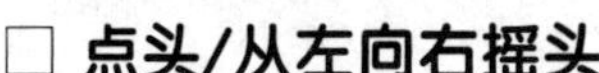

□ 点头/从左向右摇头

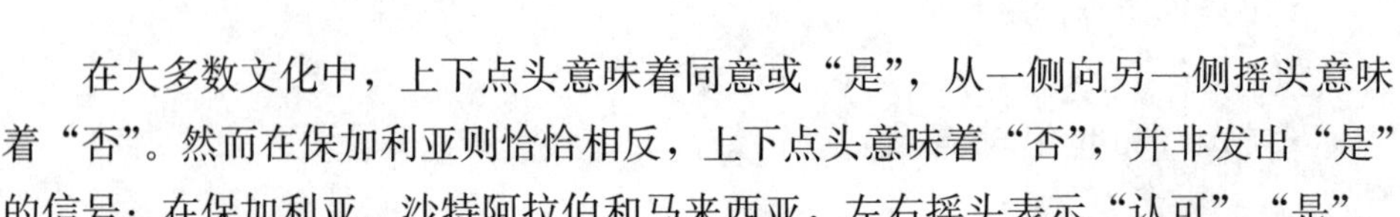

在大多数文化中，上下点头意味着同意或“是”，从一侧向另一侧摇头意味着“否”。然而在保加利亚则恰恰相反，上下点头意味着“否”，并非发出“是”的信号；在保加利亚、沙特阿拉伯和马来西亚，左右摇头表示“认可”、“是”。

<u>从左向右摇头</u>

- 美国——不
- 世界大多数地区——不
- 保加利亚——是
- 沙特阿拉伯——是
- 马来西亚——是

<u>上下点头</u>

- 美国——是
- 世界大多数地区——是
- 保加利亚——否

□ 拍肩膀

在美国，拍肩是一种鼓励，表示工作做得很好或者表示同情；在泰国，它却被视为冒犯，是成年人责骂孩子的一种行为。

<u>鼓励或同情</u>

- 美国

<u>冒犯</u>

- 泰国

□ 挑眉

在美国，这种表情表示惊奇；在菲律宾，快速地挑一下眉是要表达“你好”的意思。

惊奇

· 美国

你好或一般地打招呼

· 菲律宾

· 世界大多数地区

□ 眨一只眼

在巴拉圭它包含浪漫或性的含义；在美国它是开玩笑的标记，表明一切顺利；在法国和澳大利亚它被看成不礼貌的。

浪漫或性的含义

· 巴拉圭

一切顺利

· 美国

不礼貌

· 法国

· 澳大利亚

□ 眨两只眼

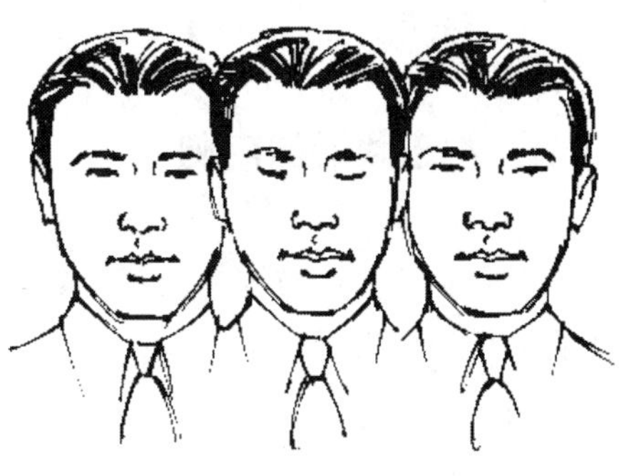

在美国，它是不信任的象征；在中国香港，听众明显地眨两只眼意味着厌烦了。

不信任

· 美国

厌烦

· 中国香港

□ 用手指轻敲你的太阳穴

在北美和欧洲大多数国家，它是指某人疯了；在大多数非洲国家、阿根廷和秘鲁，这是一种稍稍拖延的技巧，意思是我正在思考这件事；在荷兰和德国，如果你想打手势说某个人脑子有问题或疯了，你就用手指轻敲你的额头侧面；在德国，如果你冲着某人做这个动作，你会被控告（它被看作一种形式的诽谤）。

这人疯了

- 北美
- 欧洲
- 德国（尤其是）

我正在考虑它

- 非洲
- 秘鲁
- 阿根廷

□ 双手叉腰

在墨西哥，它象征着敌对；在马来西亚，它表示愤怒；在美国，它表示不耐烦；在阿根廷，它表示向对手发起挑战。

敌对

- 墨西哥

愤怒

- 马来西亚

挑战

- 阿根廷

□ 拍击两腿的内侧

在阿根廷，这被视为极其粗野和挑逗的姿势，特别是当男人做给女人看时。

粗野和挑逗

- 阿根廷

□ 捏耳垂

在巴西，这代表你想美餐一顿；在印度，这是谦卑的表示——承认你错了。

美餐一顿

・巴西

谦卑的表示

・印度

□ 轻弹下巴

轻弹下巴——是用你的手指（手掌朝里）轻弹下巴和从脸上滑下——这在葡萄牙示意“我不知道”；做同样的动作，但用拇指，意思是不再存在或已死了。在法国，在脸颊上轻弹手指意味着乏味和厌烦。在意大利则是一句语气很重的话——“走开!”

我不知道

・葡萄牙

乏味或厌烦

・法国

走开！别来烦我！

・意大利

□ 两手插进裤兜

与人谈话时把两手插进裤兜在整个欧洲都被视为不礼貌的。这个动作只用于做错事的孩子。在日本、中国，站在那儿将两手插进裤兜是野蛮的表现。

粗野

・整个欧洲

・日本

・中国

□ 擤鼻子

中国人和日本人都认为在公众面前擤鼻子是极为粗野的一件事。在法国，在公众面前打喷嚏是可以的，但在公众面前擤鼻子是教养极差的表现。

极为粗野

· 中国

· 日本

教养很差

· 法国

□ 用另一只手轻弹肘部的内侧

在哥伦比亚，它的含义是某人贪便宜或吝啬；在荷兰，它是指某人不值得信赖或不可信赖。

贪便宜或吝啬

· 哥伦比亚

不值得信赖或不可信赖

· 荷兰

□ 两臂交叉于胸前

在美国，这是厌烦或反对的标志；在芬兰，这是傲慢的象征。

厌烦或反对

· 美国

傲慢

· 芬兰

□ 打响指

在法国，这是一种粗俗的手势。

粗俗的手势

· 法国

□ 用你的拇指和食指形成个圈放在你的鼻子上（捏鼻子）

在法国，这个手势用来说明这个人醉了；在美国，用拇指和食指捏鼻子指交易不妙（坏透了）或指提出建议的人有狐臭；在荷兰，用来表示某个人贪便宜，你可以用食指从鼻梁上往下刮。

喝醉酒

· 法国

交易不顺利（坏透了）

· 美国

□ 假装吹笛子

仅在法国使用，它意味着“某人废话太多”，令人心烦。

废话太多

· 法国

□ 耸肩

在意大利，它表示不知道或不在乎；在美国，它表示不情愿同意；在法国，它意味着荒谬的。

不知道/不在乎

· 意大利

表示不情愿同意

・美国

荒谬的

・法国

□ 露出你的脚底或鞋底

如果你将脚底或鞋底露出来，这是极为惹人恼火的。这是因为脚底是身体最低的部位，通常是最臭、最脏的，特别在中东国家和前苏联的伊斯兰教国家中更是如此。在缅甸，一般来说，脚被认为是最不干净的部位，如果露出脚底甚至把它们放在桌上或椅子上就更为粗野了。

极度惹人恼怒

・泰国

・缅甸

・中东

・前苏联的伊斯兰教国家

□ 所谓“意大利的敬礼姿势”

在意大利、欧洲及世界其他地区，这是一个极度惹人恼怒的动作，几乎等同于美国的翘手指。

极度惹人恼怒

・意大利

・欧洲大部分国家

握手的秘密

在亚洲以外的其他国家和地区，握手是商务伙伴们最常见、也是内涵最为丰富的肢体接触。当然，并不是每个人都以同样的方式握手，也并不是故意使用不同的握手方式。然而，在握手之后稍加分析，就可以大概判断出对方的性格和企图。从本质上讲，这是一门并不准确的科学。下面给出了与握手有关的一些基本知识：

● 握手时一个人紧紧地抓住你的手，使劲地握几下，正视你的眼睛，表明这个人很自信，把你看作同等级的人，并打算进行真诚的谈判或讨论。如果一个人持续握着你的手不放，比你期待得还长，则他（她）企图表示诚意。

● 如果一个人在同你握手的同时，指引你走进一个房间，朝着某个座位坐下，这表明那个人很喜欢控制别人，坚持以他（她）的方式行事。这意味着如果情况不依照他们设想的方式发展，会谈会进展得很艰难。然而在许多亚洲国家，这种行为被看作尊敬和友好，而不是玩弄权术。

● 如果某人握紧你的手，然后翻转他的手直至他的手在你的手上面，这表示该人是一个竞争心很强的人，而且在说，尽管你和他开始时是平等的，但最终他（她）将获胜。

● 如果某个人企图像老虎钳一样压碎你的手，表明这个人喜欢竞争，并打算不惜一切代价取胜，他们的喊叫（或者，在这里，指握手）常常比他们咬人还糟糕。

● 在西方，有气无力的握手通常表明这个人情绪低落，缺乏热情和自信。在亚洲，这种握手是常见的，它代表着平等，而不是顺从。一些东南亚国家的人们实际上是用他们的另一只手来支撑握手的手腕，要注意这表示对对方的尊敬，并非软弱。

第 8 章

书面交流

能够让他人理解你是一件很奢侈的事情。

——拉尔夫·沃尔多·埃默森

令人惊奇的是，近千万年以前，生活在地球上的洞穴居住者们面对跨文化书面交流带来的挑战，想出了一个非常简单的对策。他们使用象形字——把简单的概念和事件用图画的形式刻出来或画出来。没有字，没有字母，不存在含混不清或者令人困惑之处。渐渐地，经过若干年后，图画变成符号，符号又变成代表声音的“字母”。埃及人发明了象形文字——把象形字、表意文字和音标文字结合成一体——并且没过多久又成为最先使用图画代表包括想法、实物以及声音在内的第一人。

当然，写字用的文具随着时间的推移也发生了很大的变化，从起初尖利的岩石到木炭，之后又让位于钢笔和墨水，最终是打字机和电脑。今天，尽管人们都在谈论无纸社会，但正式的交流仍然是通过书面文字（写在纸上）进行的。（这就是美国邮电服务系统每年要传递2 000亿份邮件的原因。）随着商务活动的全球化，跨文化书面交流带来的挑战几乎是再寻常不过的事情了。

对的做法，错的做法

准确清晰地进行跨文化书面交流的关键是采用简明的语言、常用的词和陈述句。越整齐的书面语，表达的思想就越简单，而且更容易翻译。商务写作的宗旨是要清楚、准确地表达你的意思和观点，尽量避免不必要的叙述，不要给他人造成困惑。要有权威性。你的目的是要激发起贸易伙伴对你的个人能力、你公司的产品或者服务的信心。与面对面的交流不同，你没有机会亲自为对方解释一些模棱两可的观点。人们读你的信时，你无法控制读者的语速或发音，甚至应该停顿的地方也有可能会被忽略——而且你没法当场说：“喂，我不是那个意思。”

尽管情况并不总是那样，但大多数人会把一个人的写作能力与他的思维能力等同看待。糊涂、不清楚和不准确的书面交流会给人留下这样一个印象——写信的人也一定是一个糊涂的、不能准确思维的人。在商务交流中，你承担不起因为被误解或者是翻译错误而带来的后果。在跨文化书面交流中，这些危险显著增加了。

要了解你的读者

和语言交流一样，你在准备书面文件时，了解你的读者都有哪些人也是至关重要的。记住，低调文化十分重视细节、准确性、统计数字、深思熟虑以及观点清晰；高调文化则倾向于在商务信件中寻找流露出个性的东西，其中包括信纸的质量、纸张的大小和颜色、是否采用同样大小的印刷字体、墨水的颜色、信笺上端所印的公司抬头的设计，这些都等同于非语言形式的交流。在高调文化中，媒介就是信息。在这种文化中，书面材料外在的好坏与其内容是同等重要的。

当你在进行跨文化交流时，特别是对方使用的语言与你的语言完全不同时，你能运用的直观的图表越多，造成误解的可能性就越小。明快、优雅、恰当的版面编排，甚至仅仅是一封简单的商务信件，都会影响到你给对方留下的第一印象。

请注意方向

很明显，并非每种文化的读写习惯都是一样的，像英语一样，阿拉伯语和希伯来语都是水平书写——但是从右往左书写。日语既可以水平写，也可以竖直写。竖直写时，要从右到左排列，与书面英语的方向恰恰相反。横着写时像英语一样，每一页、每一行都是从左往右写。令人奇怪的是，很少有人意识到或记得住读和写的不同做法。

从事全球性业务的执行官回忆起他曾向日本同事展示他们公司最新推出的彩色小册子，其中详细介绍了公司的历史及产品。“封面绝对引人注目，我们都引以为豪。该设计包含了我们全部的心血。我把这个小册子展示给日本同事看。我记得他用手指触摸了片刻，然后开始翻动书页。他实际上是从后往前把书一翻而过。然而小册子的封底是一张空白页，我们事先没考虑到。我们没有使封面对读者产生影响，结果留给日本同事的印象是一张空白的封面。这是一次深刻的教训。”

现在，公司已为亚洲顾客印制了全彩的、有封面和封底的小册子。

国际英语选择

英语可能是国际的商务语言——但你使用的是哪种英语呢？美国英语？英国英语？澳大利亚英语？印度英语？一般而言，文件是由讲本国英语的人用本国英语写成的，倾向于夸张、冗长和辞藻华丽。他们总是做得过分，忽视读者讲完全不同种的英语或使用完全不同种的语言，他们应使读者在语言方面感到舒适。奇怪的是，非英语国家的人却能写出最简洁准确的英语文件，理由是：他们在使用一种国际性的或简化的语言。

一位南非出口商曾收到三份提案（全是用英语写成的），这些提案来自三个不同的潜在贸易伙伴——一位来自韩国、另外两位来自法国和美国。“令人感到奇怪的是，韩国人和法国人的提案更容易让人看懂。他们直截了当，而且能切中要害。而美国人的提案中则充满了修饰语和复合句，读起来就像是在看用其他语言写的材料一样。这真是让人觉得不可理解，以英语为母语的人写的计划书反而成了最难懂的了。”什么是国际英语？即避免使用缩略词、流行语、运动词汇和双关语的英语。它比口语更正式，使用简单的句子来表达自己的思想。

行话确实有用

和口头交流一样，书信中应尽量避免使用行话和俚语，除非你百分之百地确信与你交流的人也使用并且明白这些特殊词汇的意思。有时，行话反而能使交流更为顺畅。但前提是，要确保这些术语大家都懂。（设想一下，两个计算机编程人员在进行书面交流。此时，很明显，使用专业术语及高度技术性的用词更为适宜。但是，当一个企业家向新兴市场中的一位企业家提议成立合资企业生产某种消费品时，就未必如此了。）

但是，很多执行官，几乎是来自每种文化的企业家都曾因过多使用术语而感到后悔。企业家们常常认为使用洋洋洒洒的散文写法，再混杂一些术语、行话、专业术语，在商务写作中是很好的做法，这样可以显示出作者在这个领域拥有渊博的知识。无论如何，他们认为使用“随信附上”这样的术语听上去会显得更职业、更商业。但是事实却并不一定如此。这类术语会把问题搞得难于理解，掩盖了首要问题——清楚明白地向对方表明你的意思。实践经验表明：如果对方能够轻而易举地理解你所说的行话的意思，就用行话，如果对此有丝毫的不确定的话，那就不要这么做。

商务写作小提示

● 紧扣主题，别东拉西扯。

● 首要目标是交流思想——不是讲故事，也不是为了用华丽的辞藻给某人留下深刻印象。要想有效交流，必须做到条理清楚、思维清晰。

● 要简洁。请教任何职业作家，他们都将告诉你，他们拥有的最宝贵的创作技巧就是知道什么应该省略。

● 多用主动语态，它能避免多言。

● 先写好，再修改。在停下来进行修改和编辑前，先完成第一稿。如果第一稿成稿之前停下来去找准确的词，会导致你失去思路。先把思想记下来，然后再改进或编辑。

● 使用太多的形容词和副词并不等同于富有创造性。在商务写作中通常不必使用形容词和副词，这样会使文章杂乱，掩盖了他们企图交流的思想。富有创造力并不意味着冗长。

● 要时刻避免陈词滥调。最糟的商业文书就是过分地使用陈词滥调的文件。

● 找一个善于提意见的、特别的同事。你曾多少次听别人说“不错，但仍需要改进”呢？这对创作者来说意味着什么？让他人给你提一些特定的例证、具体的批评，避免给出概括性问题。如果有人请你编辑或阅读某人的文稿，别含糊不清，准确地告诉他们你认为不妥当的地方。

● 正式的语调比非正式的语调好。商务交流一般意味着正式的。很多人通常都会犯的一个错误是：在书信的开头用商业伙伴的第一个名字来称呼他，而在最后署名那里用的却是自己的全名。如果你与这位同僚关系很好，可以用第一个名字称呼他，那么署名时也应用你的第一个名字。当然，在那些人们更重视正式的商务交往的文化中，这样做可以算得上是一个严重的错误。除非你百分之百地肯定你们之间的关系，否则在书信的开头要用对方的全名，署名时也要用你的全名。

要问自己的问题

一旦你已写完信并完成了最后的修改工作，要问自己一些问题。这些问题可以确保你和对方的交流更顺畅，并将有助于你达到预定的目标。

● 这封信是否能给读者留下我想要留下的印象？它是否太正式？太累赘？

● 我是否表达了任何不重要的想法或话语，分散了对方的注意力，让他们忽视了我的主要观点？

● 公司的信纸和信封能否给人较好的印象？来自另一种文化的人会怎么想？

● 地址是否准确？我是否准确地拼写了所有的名字，必要时是否适当地应用了他们的头衔？

翻译的过程

你煞费苦心地写好了一封信，字斟句酌以确保信件的内容简洁明了。你确信自己已经将主要观点表达清楚。换句话说，剩下唯一要做的事情就是将信件翻译出来，寄给海外的贸易伙伴。这种感觉是乐观的，却是错误的。把信件交给一个专门的翻译公司仅仅是一个重要过程的开始——而不是结束。通常，翻译过程是事前计划中不曾考虑到的一个环节，也正是在整个环节中，有可能犯下很严重的错误的环节。

记住，你要让你的商务伙伴准确地读懂你真正想要表达的意思——而不是一些翻译人员认为你想要表达的意思。这一点是非常重要的，绝对不能掉以轻心，但是令人惊奇的是，竟然有那么多专业商务人士把翻译工作看作无关紧要的小事，他们一味地希望加快速度，把这份文件赶制出来——其中包括不少翻译的错误，且有些内容经过翻译后意思已经有了实质性的改变——然后赶紧寄走。

把工作干完

翻译不应该是简单地把用一种语言表示的意思用另一种语言表示出来。一个专业的翻译人员要对自己的目标读者的期望及其文化具有一定的敏感性。以下是如何做好翻译工作的一些小提示：

- 在选择专业的翻译公司前要向同事们寻求建议。翻译机构和翻译个人的质量和技能水平会因人而异。
- 征求客户的意见，并仔细考察他们推荐的翻译人员。
- 要求翻译公司提供完整的翻译样本——以及翻译公司能按时完成任务的保证书。
- 询问一下哪家翻译公司或个人同意进行试译。如果你不敢确定其质量如何，可以找另外一家翻译公司把已译好的样文再翻译回来。
- 有些机构和个人专门从事某一技术领域或者是某一产业的翻译工作。如果你在从事高技术领域的工作，则应去寻找该领域的翻译专家。
- 一旦选定了专业翻译人员，重要的是要与从事翻译的人密切合作。他们需要大概了解译文所针对的读者对象、应该采取的基调以及文件的用途。
- 让翻译者了解文件的准确用途。它是否是一个介绍性文件？还是说是一个唤起立刻行动的最终建议书？文件的用途和基调不同，翻译人员在用词方面也会有很大的出入。
- 要将文中涉及的技术性术语解释清楚。要让翻译懂得这些概念。如果有必要的话，给翻译一份术语表以备翻译术语时使用。
- 如果该项目持续时间很长，要检查工作进程。别等到最后再检查质量，那会太晚了。
- 要给项目充足的时间。匆忙的翻译会导致很多错误。
- 考虑一下是否需要把译稿再反过来译成原文，即使这会多花费一些时间。如果你的公司没有人能检查译稿，考虑一下是否需要另找一家公司或个人，把译好的稿件再翻译成原文，以确保将文件的基调和用途正确地展示给大家。
- 在准备营销材料或小册子时，应将翻译好的文件再译成原文这个环节纳入工作流程，这样做其实可以节约成本，因为一旦翻译有错误，所有材料还需重新打印。
- 如果你所翻译的文件是个小册子或报告，涉及编辑排版，一定要重新编排译好的文件。译好的材料很可能不适合现有的文件编排格式。

纸张的尺寸重要吗？

在进行跨文化交流时，纸张的尺寸也是很重要的一个方面。在可行的情况下，营销材料、销售手册、产品分类目录以及其他印刷材料都应该采用目标国家习惯采用的纸张尺寸。理由是：目标国家的文件夹或者是环形装订机没法装订尺寸不一致的文件，结果这些文件就不可能被妥善保存而更有可能被随手扔掉。此外，如果一家公司真想实现国际化，它就必须满足国际化的标准。使用目标市场无法接受的材料有可能被解读为傲慢无礼的表现——或者，更糟糕一点，是无知的表现。

"我知道纸张的大小对顾客很重要，"驻美国的一家商务研究机构的一位英国代表说道。"我们所提供的研究材料的可信度是很高的。如果使用 A4 纸（国际标准），就会被看成更加全球化的，目标瞄准的是非美国市场。当欧洲顾客看到以美国纸张尺寸做成的报告时，会立刻扔掉，因为他们会认为这是专门为美国人制作的，对他们可能毫无用处。除此之外，他们不能把这样的文件存档，也不能把这些材料装订起来。用美国的纸张尺寸为欧洲公司制作文件资料，很显然是对顾客不友好的做法。"

互联网翻译

在经济全球化时代，当语言成为直接交流的最后一个巨大障碍时，计算机科研人员正在尝试很多人认为不可能实现的事情——通过软件将资料翻译成外语。尽管这个想法是不错的，但结果到目前为止不尽如人意。很多专家认为机器翻译的准确率无法突破 85%。目前现有网站的表现可能要更差一些。

但是，对于对同声传译感兴趣的商务人士来说——在这个过程中，对意思的理解是最重要的，相对来说，准确的句型和说话风格不再是关键性问题，软件翻译更适合他们。在做行前调研时，互联网翻译是比较理想的工具，可以像电子邮件或者简单文件那样为你提供一些要旨。通常，翻译软件只是将文件翻译成类似于草稿一样的东西。语法、词的顺序可能会不标准，也不太符合文体的常规。基于 WINDOWS 系统的翻译软件可以和不同的浏览器兼容，并且可以实现网页在英语和大多数其他语言之间的转换。

显然，千万别指望机器翻译的东西可以与专业翻译人员的作品相媲美。翻译软件与网站都会有一个明确声明，机器翻译的东西不能用作法律文件或合同这类正式文书。背后的原因很容易理解。

国际传真

在电子邮件出现之前，传真机可能是国际商务往来中最常用的交流工具——甚至比电话还常用。传真使得人们可以高效地传递文件，降低了成本，消除了时差带来的不便。随着越来越多的国家开始承认传真文件和传真签名的合法性，传真已成为全球各地商务人士的最佳伙伴。下面是一些如何恰当使用传真的小提示：

● 尽量限制传真的页数，通常，超过 5 页就显得过多了。

● 像对待商务信函一样对待传真文件。

● 为了确认传真的内容和文件上端的公司抬头在传给海外商务伙伴时是什么样子的，可以先试着给自己发送一份样稿。如果看上去不好，重新编排一下传真的内容。

● 永远不要忘记附上一个封面，上面的内容包括传真的总页数、日期（写出来不致在国际上造成混乱）、传真要发给谁、从谁那儿发出的，以及发送人的电话、传真号码，以防在传递过程中出现问题，甚至要包括你的电子邮件地址以备对方转换沟通媒介。

● 记住，许多公司在夜间会关掉传真机，要留心你发送至传真目的地的时间。

● 别假定你的传真已被收到。纸张用完了、传真机发生故障了、文件丢失了都有可能发生。如果着急的话，随后再发一份传真，并打电话落实传真是否收到。

● 当你发送重要文件时，要用“硬纸”（正常的纸）。

● 在许多新兴市场，发传真很贵。别指望他们会用传真回复。

● 如果你给对方传真一份合同，要核实一下当地的法律，确认一下合同的传真件是否有约束力。

国际电子邮件

随着互联网的全球化，电子邮件已在某种程度上成为 21 世纪的商务信件。电子邮件已经被看作与印有公司地址、名称的信笺和传真没有什么区别的交流工具。（实际上，许多公司还专门规定了标准的电子邮件信头，使交流看上去更加正式。）国际电子邮件有一些明显的好处：无须支付国际长途电话费、无须支付快递费、无须等待信件绕过地球、无须等到深更半夜就是为了给地球另一端的商业伙伴打个电话。此外，如果对方和你同处一个时区，那么他在接到你的邮件之后马上就可以回复。正像其他形式的书面的或口头的交流一样，重要的是要记住在使用电子邮件和对方交流时，一定要对对方的文化保持敏感性。

电子邮件也有一些明显的缺陷。与电话交谈不同，电子邮件不能体现发信者的个人特点。通常，面对电子邮件，人们会比较放松，往往会在没有经过深思熟虑的情况下就回复邮件。电子邮件往往会变得更像日常的聊天，有时会拖泥带水，通常会不够正式并且语焉不详。在国际商务活动中使用电子邮件时需要自我控制。最后，接收电子邮件的人很容易误解邮件的基调，这会导致交流充满火药味和误解。

□ 国际电子邮件的恰当礼节

● 要正式。出于某种理由，在使用电子邮件的过程中，很容易不知不觉地使交流变得更随便、非正式，像聊天一样。当然，如果与机构内部同事交流，这种非正式性在某种情况下是可以的。然而，在国际范围内使用电子邮件时，应该像对待正式商务通信一样，在写邮件时要用全名、加上头衔。使用国际电子邮件要比较正式，只有在双方变得熟悉之后，才可以稍微非正式些。

● 内容要紧扣主题。没有主题的电子邮件常常被拒绝或被像垃圾一样对待。要确保主题简洁，但能揭示问题、切中要害。别自作聪明。如果主题不明确，对方很可能不会及时阅读你的邮件——甚至更糟糕一点，对方根本就不会看你的邮件。

● 大多数电子邮件是以速记的形式出现的，毫无意义，没有抬头，冗长，并把主要观点隐藏起来。

● 要用拼写检查程序查看邮件是否有拼写错误。此外，为了达到简洁的目的，要仔细把邮件读上几遍。冗长的电子邮件反映出发送者或其公司管理很糟糕。

● 要形成标准的签名（电子邮件中的签名）。使用你的全名、头衔和通信地址，以防交流信息不知什么原因在程序设计人员那里丢失。此时，聪明的办法是：在向海外发送电子邮件时，要提供适当的国际电话号码。

● 日期和时间。在寄发国际电子邮件时要包括日期、时间，要保证写全日期以避免混乱。在写上发送时间时，要声明你所使用的时区。

● 当你向不同的文化地区发送电子邮件时，要意识到收件人的级别、地位，重要的是对高级官员，特别是来自日本和中国的官员给予一定的、他们所期待的尊敬。这点几乎在所有电子世界中都同等重要。

● 幽默。正如在非正式的书信中一样，幽默很难从一种文化翻译到另一种文化。不同的文化观念有其独特的或适宜的幽默。

● 货币种类。当使用货币价格时，要明确你所指的数额使用哪种货币计量，要明确声明你在两种货币中使用哪一种，一种是发送邮件国的货币，另一种是接收邮件国的货币。

● 要了解谁在接收你的电子邮件。别简单地按“回复所有”键，除非你弄清楚了谁在接收你的回复。

● 记住，当你使用电子邮件时，是没有什么隐私的。你的信息很容易被别人得到，公司的主管有权接触哪怕是个人邮箱里的信息。

● 要小心处理附件。在国际商务中采用附件是有风险的，因为应用的软件程序种类繁多。除非你确定收件人和发件人的系统是兼容的，否则不要用附件。很多时候，仅仅因为软件不兼容，就会导致附件无法打开。两全其美的办法是把要说的话全部写在正文内。

● 不要通过多种途径，比如传真和信件，传递同一信息给你的邮件接收者，否则对方会被迷惑，除非你明确地告知对方你在做什么。

● 在再次传递同一信息或传递随后的信息时要耐心。你的电子邮件有时到达对方时正值下班时或他正在外出度假。现在一些电子邮件程序具有自动回复功能，它会告诉发送人，收件人不在办公室直到某个特定日子。如果你有这个程序就用吧，它会减轻发信人的焦虑。

● 要自控。在寄信前，要拿出点时间想好了要传递什么信息。如果那天比较生气，隔一天再发信件。

警示☞

注意，一些大公司禁止电子邮件进入它们的系统，除非它们的“看门人”事先将你的邮件地址列入了接受名单。为了防范电脑病毒的入侵，这种做法常被用来处理邮件中的附件。

国际通信地址

找到并弄清楚国际通信地址可能是进行海外联系时最令人迷惑且最具有挑战性的一件事情。每个国家、每种文化的通信系统都有自己的特别之处。没有统计数据表明亚洲地址、非洲地址或欧洲地址有什么规律性。唯一的确认方法是向他人询问。但有一件事情是可以确定的：地址中的所有数字对某个人来说都是有含义的。记住，把收信人姓名写对是至关重要的。在某些国家，为了确保顺利投递，会强制性要求人们用本地语言写明地址。

第 9 章

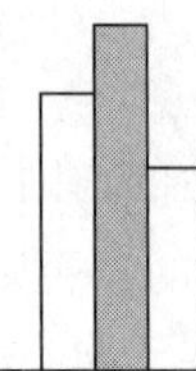

为妇女设置的文化地雷

一旦与男人处于平等地位，女人就成了男人的上司。

——苏格拉底

尽管在过去 30 年里，在许多文化中，妇女在商业领域中作出了很大的贡献，然而实际上全球的国际商务活动仍主要由男人操纵。所谓“大男孩的网络”——缔造了全球商务体系的由男人掌控的堡垒——在未来的商务世界中仍将延续下去。从曼谷到柏林，统计数字表明，男人占主导地位。男人提拔男人，男人分配最佳的工作任务给另一些男人，进而提拔他们。为什么？因为男人与男人交往更舒适。他们一起喝酒，一起打高尔夫球。男人和男人交流时，很少有语言的禁忌。无论你对此有何看法，现实是女人必须面对这一切。但是，那些坚持老一套的想法把女人看作弱者（能力低）的人，最好还是擦亮眼睛——有人在追赶甚至超越他们。在国际商务方面，女人或许还没能发挥潜能，但她们的影响在各种文化中正在逐渐显露出来。

□ 商务挑战

不幸的是，在大多数文化中，妇女在商界没有得到足够的重视。在亚洲、非洲、拉丁美洲、欧洲大部分国家，甚至美国的部分地区，来访的商业女性要做好可能屈尊的思想准备。与男性不同，如果你是一位女性的话，不要指望什

么头衔、级别会自动为你带来他人对你的尊重。要随时准备接受考验，有时在交流中甚至会碰到一些与性有关的含沙射影的话。脸皮要够厚，至少在初期是这样。淡然应对对方的评论，包括对你的外表的奉承，泰然处之并把话题引向下一个。谈论有关政治和妇女平等的话题很容易起到负面效果。这样做也很可能会暴露出你对当地文化缺乏了解。

□ 理解动机

在大多数穆斯林、亚洲和非洲文化中，几乎没几个男性有过同女性平等共事或者是像同事一样交往的经历。他们很可能完全不知道应该怎么应对这样的场面。对于女性来说，采取一种包容和理解的态度有助于赢得他们的尊敬。

关于职业女性涉足一种新文化最流行的传说就是，当地男人会像对待当地妇女一样对待她。这几乎百分之百是不可能的。即便是在诸如沙特阿拉伯这样的国家——在那里，受严格的宗教观念制约，异性未婚男女严禁有任何接触——从他国来访的职业女性会受到同男人一样的对待。当地的男性商业伙伴很可能会对你的产品或者商业议案感兴趣。

随着商务的全球化，那些来自以男人为主导的文化的男商人们已经认识到世界其他地方不会遵从他们的所谓的性别准则，他们若想继续从事国际商务活动，最好还是适应环境。男人们已充分意识到，那些女性商业伙伴在她们自己国内的社会、文化、法律和经济部门中可能已经占据了一定的地位；而且这些男人已准备好同任何人打交道，只要能够成交。在较为保守的文化中，外国职业女性往往被以中性对待——所谓中性就是指介于男女之间的第三种性别。

应对策略

在以男人为主导的商务文化中，要想立足，需要耐心、机智和韧性。在许多文化中，妇女常常会受到考验，人们会质疑她们的能力，挑战她们的权威。如果能够尽早证明自己不会被各种挑衅吓到，这些职业女性就可以无一例外地通过检验。重要的是要尽早树立起自己的地位和权威。不习惯与外国女商人打交道的男人们总会寻找各种借口，贬低她们或迫使她们回到男人们已习惯的女性地位上。

商务团队中的女领导者应该确保自己的名字出现在团队名单的最开始，以此来声明自己是团队的负责人，可以刻意突出自己的头衔和相应权限。当对方直接向其他人提问，而如果处在领导者位置的人是男性，这个问题本应直接提给这位领导者时，她可以通过要求自己的下属服从自己的意愿来保证自己得到他人的尊敬。要注意座位的安排。在许多亚洲文化中，代表团的领导在谈判中或晚宴中都有自己特定的位置。你是领导，这是你的座位，你就坐下来。如果你不这样做，你的地位和权威就会受到质疑。下面是一些简单的应对策略：

- **事先做好准备。**了解妇女在当地文化中的地位，这将有助于你理解一些看起来奇怪的行为的根源，而且要知道作为职业商人，人们期待你做些什么。

- **预测问题。**在许多文化中，至少起初别指望得到同等的对待。妇女常常要加倍努力工作以获得和男人相同的尊敬。这可能不公平，但在一些文化中，这就是游戏规则。

- **总是保持穿着和行为的职业化。**你会处在监视之下，不要作出任何会被误解为不够职业的行为和手势。

- **要容忍和理解。**对奉承你外表的话予以接受，假定他们是发自内心的。别对你的性别自行防卫。

- **保持幽默感。**商务旅行是有压力的，学会自我解嘲，这会减轻压力。

- **使团队提前做好准备。**如果你是团队的领导者，应提前让团队认识到性别冲击，并对此做好准备。事实是当由女性率领一个代表团出访时，对方会同样对待，不会有什么区别，只不过是日常安排不同而已。

- **年龄是个因素。**要小心代沟，适时调整。随着商务活动的全球化，在以男人为主导的社会中，年轻执行官会占据有利位置。但老一代人怎样看待你并不意味着别的年轻人会同样看待你。你会吃惊地发现，面对别人对待你的态度的巨大差别，你在失去平衡。这会对商务交往不利。

全球商务中的女性

□ 北美洲/美国

从全球性别角度来看，美国是女性从事商业活动最容易的地方。一般来说，美国人认为女性是凭借经验和文凭而赢得一定社会地位的，因而应受到平等对待。文化的敏感性迫使男性接受联邦反性别歧视法和女权主义运动的影响。当涉及国际商务时，性别是无关紧要的——女性已赢得了应有的地位。证明自己是一名合格的外派商务人士是非常重要的，但是女性并不会感到自己处于不利地位。

尽管世界其他地区的人们可能认为美国实现了女性在商界的平等地位，但美国女性知道这并非尽善尽美。即使在美国，同工同酬的概念仍很落后。截止到 1996 年，在所有职业中女性的平均收入仍然只是白人男性工资的 73%。虽然并不明显，但是这一数字与 1970 年的 58%相比仍有所进步。但在公司高层中，女性就职率仍很低。在 1997 年《财富》（*Fortune*）杂志所列出的 500 家美国最大的公司中只有两位女性首席执行官。在前1 000家大公司中，总共也只有 7 位女性首席执行官。1997 年《金融世界》（*Financial World*）杂志中列出的华尔街挣钱最多的 100 人当中无一女性。

尽管有以上这些男女不平等的统计数字，但这不能否认另一套统计数字，这些数字表明女性的确在美国商界中，或者说在世界舞台上，都起着重要的作用。请看以下由美国妇女组织和美国政府所编辑的统计资料：

- 在高等院校中，现在美国女性的人数超过男性。在 1975—1991 年之间，高等学校女生的录取率由 45%上升到 55%。
- 1996 年在美国有 800 万女性从事商业经营活动，年销售额将近2.3万亿美元。
- 女性拥有的公司所雇用的劳动力占美国劳动力的 1/4——总数达 1 850 万人。
- 1987—1996 年，由女性经营、增长速度最快的工业领域包括：建筑、批发贸易、交通/通信、农产品贸易和制造业。
- 女性企业家使自己的公司走向世界市场的速度与全美所有商务经营者的平均速度同步。1992 年，女性经营的公司中有 13%涉足国际贸易活动。

□ 中东

与其他文化相比，中东女性进入商界的相对较少。从全球范围来看，中东女性就业率最低——仅为 9%。唯一的例外是以色列，在那里，多达一半的女性在工作，其中女性在中高级管理层中占有 1/4 的比例。

尽管伊斯兰教国家限制女性的活动，但也有例外。例如，土耳其无官方宗教，人们主要信奉伊斯兰教，女性企业家几乎同男性企业家一样多。在埃及，女性已经开始担任公司的最高管理层职位并且拥有大型的国际公司。也许被复述得最多的关于商业的看法是，在中东，女性完全被隔离在国际贸易之外。这在其他国家是不可能的事。如果你去中东国家和地区，别指望同女性进行商务会面，事实最终会证明这一点。

出于同样的原因，被派往中东国家和地区进行国际商务活动的女性要面临特殊的挑战，这主要是由于文化态度方面的原因。但是，请记住，当地的男人并不会像对待当地女人那样对待你。来访的职业女性会受到特殊的对待，虽然她们仍然要受到一些伊斯兰文化基本信条的约束，如要端庄、穿着及言行举止要得体等，但是这些障碍都是可以克服的。如果你职业化地行事，尊重当地的传统，有他们需要的产品、技能或服务，那么，即便你是女性，在中东任何一个国家也同样会得到认可。

□ 亚洲

男人传统的角色是统治者、保护者、养家糊口的人；女人则是妻子、主妇、抚养孩子的人。这些在许多亚洲文化中都被清楚地下了定义（但在中国台湾、新加坡、中国香港，女人除了承担传统家务劳动外，在商业领域也起着重要作用）。很少有女性想打破这种模式。男性的主导地位是与生俱来的。亚洲文化总是珍视男性后代而轻视女性后代。

在亚洲，人们长期以来都奉行男主外、女主内的观点。尽管女性已经逐渐开始打破这一陈旧的套路，但是仍然有很长的路要走。职业女性取得成功的领域集中在被亚洲男性看作女性专长的某些职业或商务部门——广告业、公关、时装设计、消费品和化妆品。

当亚洲男人不得不与来访的职业女性共事时，他们会尽力忘记他们传统的态度，以与来访者友好相处。当来访者既是外国人，又是女性时，会给他们带来压力，但是整体来说他们还是能够应付这样的局面的。来访的职业女性则应该记住，亚洲男性在这方面的工作中没有准则，他们的行为有时看上去会显得飘忽不定、笨拙甚至屈尊。

不要把一些谦逊的小动作，如为你开门、让你先进入电梯等，看作是和性别有关的。他们只是为了显示对客人的友好，或者说是在面对职业女性不知道该怎么做的情况下，想尽量表现得得体一点。(如果你怀疑这一点，可以试着去坐一下东京的地铁，就会看到日本男人是怎样对待日本女人的。如果一个日本男人发现了一个空座位，他们会像推搡男人那样用手臂把女人推开而抢占座位。)

□ 拉丁美洲

在大多数拉丁美洲文化中，人们喜欢并且尊敬女性。美丽和高雅受到女人们的珍视——但基本上她们的地盘是在家里，而不是在会议室。

拉丁美洲男性在女性面前总是一副比较强势的态度，但一旦涉及商务活动，来访的职业女性总是会发现她们是被同等对待的。在谈判桌上没有什么屈尊的事情，尽管工作结束后或者是在街上，感觉就完全不一样了。与亚洲和中东地区女性执行官相对较少不同，在拉丁美洲，进入商界的女性人数要多得多。在许多拉丁美洲国家，传统的家族企业、女族长商务时代及家庭结构等都意味着长久以来妇女就在商业活动中起着重要的作用。

如今，在拉丁美洲和加勒比海一带，在所有管理职位中，女性占据了25%的位置。而且女性在商业中的从业人口比例仍在增加，特别是在城市里，1995年女性占劳动力总数的45%。多达70%的女性有大学文凭和技术职称，并且离家工作。然而与其他地区一样，女性的工资低于男性。在整个拉丁美洲，所有职业女性的平均工资与男性的平均工资相比，根据职位和职业的不同，大约低10%～40%。

□ 欧洲

一谈到妇女从事商业活动这个话题，大多数欧洲国家的实际情况与人们的想象并不一致。虽然说对待女性的态度依国家不同而不同，但欧洲大陆总的风气仍是男人主宰一切。欧盟的统计机构于1997年发表的一份报告中提到，全体人员都包括在内，女性工资水平远不及男性。在瑞典，女性工资是男性工资的84%，在法国和西班牙为73%，在英国仅为64%。这包括了全日制和非全日制工作，加班加点工作除外。女经理的处境与男经理相比要糟糕很多。在英国，女经理的收入仅为男经理的2/3。即便是在男女平等的程度最高的瑞典，女经理的工资也只有男经理的80%。

有越来越多的迹象表明，未来职业女性的人数还会增加。20 年前在所有欧盟成员国中，女性接受高等教育的人数很少；但现在的数据表明，男女接受高等教育的比例为 100∶103。在一半左右的欧洲国家中，接受高等教育的女性人数已经超过男性，保加利亚为 100∶153，冰岛为 100∶136，葡萄牙为 100∶131。然而，在德国，受过高等教育的男女比例是 100∶77，在荷兰为 100∶89，在奥地利为 100∶92——这三个国家对女性涉足商业领域持保守态度。

来到欧洲的职业女性会发现自己处于高度职业化的氛围之中。欧洲男性不管有怎样的性别偏见都会隐藏起来。但是由于大多数欧洲国家（南欧国家除外）奉行低调文化，在商务活动中看重细节和准确的资料，因此职业女性到达这里时要做好充分的准备。在来访者是男性的情况下，如果他没有完全准备好，对方可能会给他一段时间来休息准备，但是如果来访者是女性，就不会有这样的待遇。职业女性缺乏相关的知识不会被归因于没有做好准备工作，而会被认为和她是女性有关。女性从事商务活动要做充分的准备，要做加倍详尽的研究。

□ 东欧/俄罗斯

忘记中东欧及苏联构成的社会主义阵营曾大力宣扬的男女平等的口号吧。虽然女性在政坛不乏表现优秀者而且有机会接受高等教育，但是随着苏联的解体，这些在人为因素的推动下取得的成绩几乎已经消失殆尽。在这些国家，想找到女性执行官就好比大海捞针，在东欧和中欧国家，如果管理岗位有空缺，一定是留给男性的，因为男性从传统意义上讲是养家糊口的人，而女性真正的位置是在家中。作为一种普遍的规律，当就业压力较大时，女性只能回归家庭，而不管她的学历和表现如何。

来访的职业女性可能会期待受到热烈的欢迎，但同时也要接受对她知识面的考验，对方有可能对她的教育和职业背景进行检验。东欧的男人期待与男性打交道，但是他们是可以将女性看作“男人中的一员”来容忍其存在的——即便无法完全接受。

□ 非洲

在非洲，“女商人”这个词大多数人听起来并不顺耳。非洲还是男人主宰一切的大陆——女人是用来看的，而不是用来听的。在非洲历史上，英雄无一例外的都是男人，这是因为非洲的历史是战争的历史，从殖民地到游击战和反种族隔离的运动，从卢旺达到布隆迪的血腥内战，完全是男人们的游戏。

近年来，女性已在政治和商务领域取得一定的成绩。阻碍女性进步的障碍有三重。在传统的非洲文化中，女性被归类为二等公民，只负责家务，远离权力结构。一夫多妻制在乡村是很多见的，只有男人才有权有多个配偶。最后，女性接受教育常常是最后才会被考虑的事，因为单为男人筹集教育经费就已经十分困难了。从20世纪50年代到60年代，随着非洲各国相继独立，黑人男人才开始有权利从事商务和政治活动，性别启蒙还是一代或两代人之后的事情。

即使在南非——非洲大陆上性别观念最为开明的国家，妇女的权力也是微乎其微的。位于约翰内斯堡的《商务日报》(*Business Day*)所做的一项调查发现：53%的妇女认为私营部门的性别歧视行为没有得到监管。在南非，1 000家顶级公司的治理委员会中只有2%的女性成员。女性已占到该国劳动力的41%，但是其平均收入仅为男性收入的一半。

社交形象告急

这也许是女性在国际商务活动中最难以应对的环节。在受关系驱动的文化中，如在拉丁美洲、亚洲，能否成功达成交易主要取决于人与人的接触——更多的情况下是在办公室之外。商务宴请或者双方在商谈之后出去喝一杯，对于提升私人和商务关系都是非常关键的。你有权决定是否参加晚上的娱乐活动，这取决于你权衡利弊的结果。但是，在一些文化中，如日本，大家都默认女人不参加此类活动，因为大多数活动都非常男性化，有时可能会有性服务（如有女侍者的酒吧）。虽然你很可能错过一些有价值的建立人际关系的时机，但你可以用晚宴来弥补，这样，你就不会错过任何严肃的商业交流。工作完毕意味着要开始娱乐了，这是了解对方的最好时机。应事先发出邀请，这样你才能够判断工作完毕后的娱乐是否合适。

□ 保持形象

通常，女性会急切地希望自己能够成为“男人中的一员”。在大多数文化中，男人和女人确实清楚地界定了他们的角色，不管你多么努力，你也无法打破这个框框。另外，你也并不想这样做。作为职业女性，你获得了一定的社会地位。享受这一点，接受这一点，但别试图超过男人。

有一句警告：当你身在海外时，如果真的出席了这样的盛宴，要小心整晚的欢迎辞以及一杯又一杯的酒下肚，这可能会导致性别歧视达到最大限度。不要把随口说的赞扬你外表之类的话放在心上，直接跳到其他话题就好了。如果有人的言行举止过分无礼，就给他一个严厉但简短的拒绝，但是要避免公开批评他。如果情况更糟，则找一个合适的借口，如太累了，赶快离开晚会。第二天不会有人因此而和你找茬的。作为客人一方的职业女性与她们的男同事相比有一个优势就是，在喝酒方面她无须像男人那样。事实上，考虑到拉丁美洲、亚洲和欧洲的习俗，女人与她的对手杯对杯喝酒是完全错误的做法。

警示☞

和其他商业场合一样，在社交方面的地位同样取决于你处在买方还是卖方的位置。在大多数情况下，买方需要忍受的东西少一些，而卖方常处于不利的地位。

□ 作为主人应承担的职责

作为主人招待来访的代表团，也有一些该做和不该做的。（注意，只有第二条建议既适合男主人也适合女主人。）

- 工作之后娱乐一下是很受欢迎的，在某些情况下甚至是对方期待的。尽管在理想的情况下，这些活动应该考虑到你的感受，但是投对方所好可以为你带来更多的朋友。要事先了解一下你的客人喜欢什么，不喜欢什么。
- 在娱乐过程中要照顾好来宾的配偶及孩子。
- 在亚洲、非洲、拉丁美洲和一些欧洲国家，如果女人付账，男人们一般会感到不安。你可以提前结账或谨慎地找个借口离开饭桌去结账，最好避开客人的视线。
- 最后点菜。这将会使餐厅工作人员得知你是这顿饭的主人，这样工作人员会听从你的意见。记住，重要的是增强你的权威性。
- 作为主人，你的任务是让大家吃好喝好。你可以提议干杯或者是简单地告诉大家可以开始吃饭了。在亚洲，要确保每位来宾都是按职位高低就座的。

赠送礼物的问题

国际上馈赠礼物时在礼仪方面的基本规则（参见第10章）既适合男性也适合女性，但也有一个例外，那就是来访的职业女性在为商业伙伴准备礼物时，如果将其配偶及家属考虑在内，不是什么坏事。尽管在某些文化中，特别是在伊斯兰国家，如果一个男人这么做会被视为对伙伴的一种冒犯，但是女人这么做的话会赢得对方的好感，因为这个礼物实际上代表的是你对商业伙伴的感谢之情。在某些文化中，如果女人送礼物给男人会让对方觉得很尴尬，甚至更糟糕的，会被误解为这个女人有其他什么想法而不仅仅出于商业礼仪。在这种情况下，给对方的妻子和孩子也准备一份礼物，这有助于缓解这种紧张的氛围，同时也可以更清晰地表达你的意思。

性骚扰问题

性骚扰在每个国家都有，只是在某些文化中发生的频率比另一些文化中高一些。在除北美和欧洲以外的大多数国家中，人们甚至无法针对性骚扰提起诉讼。在国际商务场合，要想听不见或者看不到歧视女性的言行举止几乎是不可能的。比如，在许多文化中，企业老板要他的某个下属女员工上茶或咖啡是一种惯例。在家庭观念比较重的许多亚洲国家和地区，远道而来的职业女性很可能会被问到有关婚姻状况及孩子的情况等问题。

外国职业女性在国际商务中肯定不可避免地要遇到性骚扰的问题。当然，任何身体上的强行接触都是完全不能接受的，但语言骚扰呢？你该如何应对？首先要记住，从另一种文化的角度看待它，你会发现讨厌的话实际上可能仅仅是笨拙的奉承。你必须权衡利弊得失，只因为对方的愚笨就伤及你们之间的合作关系是否值得？你愿意影响你的职业生涯或放弃被派到海外的工作机会吗？你将采取某些行动吗？记住，你所认为的骚扰不应该放在你本国的文化背景下判断，而应放在你身处的国家的文化背景下看待。（当然，可以考虑采取一定的行动，如把骚扰你的人带到一边，私下严厉地指责他，或向对方代表团的另一个人提出某人的行为令你感到厌烦，看他是否能阻止这一切。）

着装守则

男士可以连续几天穿一套西装，而女士却需要每天更换全套服装——如果有商务晚宴的话，有时一天内要换两次服装。我们都知道这样做很不公平。女士没有国际上统一的像男士那样的制服（如深色套服、白衬衫和领带）。为了安全起见，如果你希望对方认为你比较重视这次商业活动，可以穿得保守些，但不要太拘谨。对女士来说，虽然穿紧身长裤在某些文化中是可以接受的，但是唯一肯定地能被完全接受的国家只有美国。你的外表会很直接地影响到人们对你职业操守的判断。下面是与女性在国际商务场合的着装有关的一些守则：

- 穿得保守些，但要有品味。那就意味着要穿考究的女装或裙子，避免穿紧身长裤。

● 选择有收身效果的深颜色服装。

● 尽量少使用珠宝首饰和香水。许多文化很少或根本不用香水。在日本，许多男人很反感西方的香水。

● 时髦与知性俱备的鞋子是最佳的选择。如果你个子比较高，要小心。如果穿上高跟鞋会让你在一群男人中看上去鹤立鸡群，那么还是不要穿比较好。在许多文化中，男人对鞋很敏感。在日本和其他亚洲文化中，鞋选择不得当，有可能会危及你与对方建立伙伴关系。男人一不小心就会被你吓到。

● 发型要保守一点。

● 在气候炎热的国家和地区，要穿天然化纤织物，那种料子能透气，会使你感到舒适一些。短袖是可以接受的，但露背或无领的衣服却只能在家里穿。

□ 伊斯兰文化

毫无疑问，谦虚在这儿是格言。保守的西式着装（短裤除外）在大部分地区都是可以接受的。在更为传统的社会，如沙特阿拉伯和伊朗，女性的穿着打扮极其保守。裙子及外罩必须是长袖的，要宽松。衣服的长度至少要到膝盖——或更长。在大多数伊斯兰教国家，来访的女性不必戴面纱或者是头巾。

对于女性的着装，要求最为严格的两个国家是沙特阿拉伯和伊朗。沙特阿拉伯的宗教警察热衷于推行保守的伊斯兰教衣着习俗，并会严厉指责和骚扰不戴面纱或穿裸露衣服的女性（包括外国人）。在这些国家更为保守的地区，若有外国人被看到穿着违背当地宗教习俗的衣服，就会遭受被当地人用石头追打的意外。

国际互联网

在国际商务领域，由职业女性或者是女企业家组成的全球性的网络、组织或协会数不胜数。女性们团结起来在共同推进和提升女性的地位方面已经取得了一定的进步，而且为女性在一个男人主导的世界中生存和发展清除了一些障碍。下面是全球女性网络的几个例子：

● 国际联盟（The International Alliance，TIA）是一个伞状组织，由 30 多个女性商务组织和网络组成，代表全球 1 万名妇女。那些没有加入任何网络组织，或那些想要对该组织提供额外支持的人士也可以加入该联盟。国际联盟创造了一种外部环境，这种外部环境支持妇女发挥自己的潜能并在商界、产业界、学术界和政府机关以及非营利组织中作出更大贡献。电子邮箱地址：info@t-i-a. com。

● 妇女促进会（Advancing Women）是帮助妇女接收国际信息指南的组织。网址：http：//www. advancingwomen. com/。

● 妇女国际贸易组织（Organization of Women in International Trade，OWIT）是一家总部设在美国的非营利性专业组织，旨在通过提供关系网和受教育的机会，帮助女性更多地参与到国际贸易活动中来。其成员主要包括涉足国际贸易流程中各个环节的男男女女们，如金融、公共关系、政府、货运、国际法、农业、销售和市场营销、进出口业务、物流和运输等。网址：http：//www. owit. org。

● 妇女国际技术组织（Women in Technology International，WITI）建立于 1989 年，总部设在美国，是一个发展迅速的协会，其成员多达 6 000 多人，其中 95%是从事技术工作的职业妇女。WITI 致力于通过帮助妇女在经济上更加独立、技术上更过硬，从而让更多女性成为企业的决策者；同时该组织还鼓励年轻女性投身于科学和技术领域。网址：http：//www. witi. org/Center/Offices/About/。电子邮箱地址：info@witi. org。

● 妇女管理学会（Women's Institute of Management，WIMNET）是一家通过互联网为世界各地的职业女性提供数据库服务的在线组织。其总部设在马来西亚的吉隆坡，旨在识别并帮助潜在的商务伙伴建立联系。起初，该组织主要为马来西亚的职业女性和女性管理人员服务，现在它的服务范围已扩展到全球女性，包括潜在的女性管理人员和女企业家。网址：http：//www. jaring. my/wimnet/。

● 加拿大商务女士网（Canasian Businesswomen's Network）：这是一个总部设在加拿大的组织，通过东南亚国家联盟（Association of Southeast Asian Nations，ASEAN）为在加拿大和亚洲从事商务活动的女性个体和女商人协会之间建立联系和介绍新的商机。目前，该组织已经在以下国家进行运营：加拿大、新加坡、泰国、马来西亚、印度尼西亚、菲律宾和越南。电子邮箱地址：cabninfo@apfc. apfnet. org。

第10章 馈赠礼物

赠送礼物是富人的事。

——歌德

馈赠礼物是众所周知的最古老的社会传统之一。很少有人听到关于馈赠礼物的正面故事，历史上被人们记住的大多是馈赠礼物带来的负面影响。公元前1200年特洛伊传说中的捍卫者就是把希腊人藏在作为礼物的木马中的。（在当今的国际商务时代，“小心包着希腊人的礼物”这个俗语显然不再适用了。）在高调、关系驱动型的文化中（与低调、任务驱动型的文化正好相反），商业活动是建立在人际关系之上的，而礼物是建立人际关系的内在组成部分。除了在日本，馈赠礼物是根深蒂固的国民文化之外，世界大多数国家都比较看重互换礼物这个环节。但是，赠送一件不恰当的礼品或一件具有文化敏感性的礼物，可能会对商务关系造成严重伤害，这还不如什么礼物都不送。

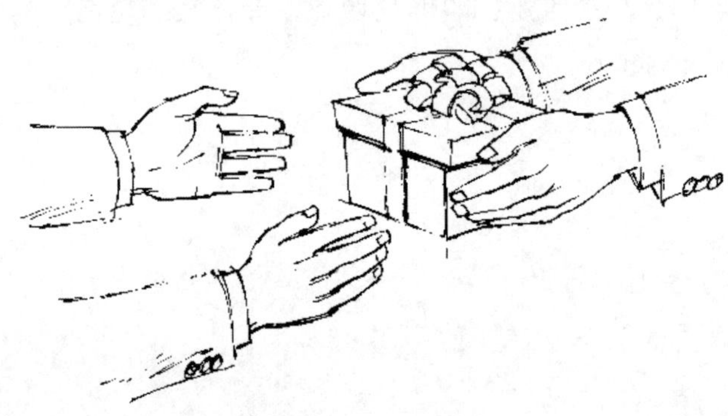

送礼还是贿赂?

礼物不应代替合宜的商务活动和礼仪。它们应该补充，而不是替代一个合理的商业建议。当然，一件礼物绝不应该是贿赂，尤其在那些馈赠礼物很常见的国家更是如此。礼物仅仅是赞赏和尊敬的体现。贿赂是在世界某些地区从事商业活动必须付出的一种成本。

计划在国际商务活动中馈赠礼物时，应该考虑以下一些基本问题：

- 谁是最适合接受礼物的人？是不是你必须给某些人送礼物？
- 该送什么样的礼物？什么是该文化不敏感的礼物？
- 什么时候送礼物？是在第一次见面时，还是在合同签署后？
- 最后，你该如何送礼物？

在国际商务场合，馈赠礼物已成了一种文化地雷阵，禁忌因文化不同而不同。赠送礼物时，你应该了解接受者当地的文化。

赠送礼物的意义

适时适当地赠送礼物在某些文化中不仅能巩固人际关系，而且能真正树立起公司及个人的形象。正确地赠送礼物不仅能表达对某人的敬意，同时能在纷繁的世界中树立个人和公司的形象乃至个人和公司的权威。在人际关系驱动的文化中，礼物反映了公司的形象和目标，给接受者传递一种信息，即你和你的公司在未来如何思维和如何行动。送礼物的主要目的是赢得接受者的好感。如果你记住这些，你就不会拿出任何不适宜或带有侮辱性的礼物。

让我们来看看通用汽车公司的例子。这家公司在打算和上海一家汽车制造厂结成伙伴关系时，卷入了一场与世界其他汽车制造商的激烈竞争。通用汽车公司不惜一切代价，在当地聘请顾问，雇用了能讲中文的美国雇员，以确保公司做的每件事情都是对的，从而给中方留下通用了解中国的文化、了解中国的商业惯例的良好印象。当通用汽车公司向中方赠送从最有名的珠宝商蒂凡尼购买来的珠宝作礼物时，通用汽车公司让珠宝商签名并将包装的白丝带换成了红丝带。理由是：在中国，红色意味着好运气，而白色代表悲伤和死亡。中国人为此而感动，不仅为通用汽车公司的文化敏感性而感动，而且为该公司给出的最终商务提议而感动。通过更换丝带这个小举动，通用汽车公司传递出这样一个信号，即它有志在尊敬本地文化和商务惯例的条件下和对方进行合作。这成为一个经典之作，如果当时用的是白色丝带——那么就像所有人都确信无疑的那样——这次交易很可能会因此而泡汤。

□ 停止冒犯行为

在国际礼物馈赠方面最基本的一个实践经验是：要注意，你所赠送的任何礼物应是贵国制造的，要特别注意不能送在对方看来是一种对接受国造成侮辱的国家或地区制造的产品。（例如，尽管现在勉强算得上和平时代，但你若把以色列制造的产品赠送给沙特阿拉伯的商业伙伴，那就是一种侮辱。）一家英国能源公司的执行官回忆起20世纪80年代，他在访问赞比亚时高兴地向该国能源部的官员赠送公司的小礼品的故事。“我们带了一些印有我们公司标志的昂贵的钢笔和铅笔套装。这只不过是个小意思，为的是打开话题，”这位执行官说道，“我给了他们十几套，我基本上没有听到任何回话——甚至很少有人向我说一句‘谢谢’。后来赞比亚的官员在招待会的角落问我是否知道这些笔是哪儿制造的，我说我一点也不知道。他告诉我，那些笔是南非生产的——在当时，因为种族隔离问题，赞比亚还没有同该国建立外交关系。我真该死。我们作为一家公司怎么会在文化方面如此不敏锐，这对他们是一种侮辱。”这位执行官说这次交易最后以失败告终。尽管他并不认为这完全是因为那些钢笔和铅笔造成的，但是这确实给他个人以及他们公司造成了负面影响，自然也就对项目的失败起到了推波助澜的作用。

另一点应该记住的是：印有或刻有公司标志的礼物，应只用作小礼物，它不能表达特别浓厚的感激之情。即使需要印有标志，也要印在高质量、高品位的产品上。记住，即使是最小的礼物，也会反映出你们公司的形象和个性。公司标志要尽量小一点，否则它就不是礼品，而成了公司的广告。

□ 在哪儿赠送礼物至关重要

谈及馈赠礼物的重要性和人们对礼物的期待，日本独具一格。在其他亚洲文化中，因为人际关系的重要性（它们大多属于高调、关系驱动型文化），礼物馈赠虽然很重要，但是远没有达到在日本的程度。中国人和新加坡人认为，作为主人，应设宴来招待来访的客人，而不是馈赠礼物。这里的关键是互动性。如果你在他国访问期间对方为你举行了宴会，你应选择适宜的时间回请他们。下面列出的提示将有助于你判断在每一种文化中礼物馈赠的相对重要性。这些提示只适合商务行为。当被某人邀请到家里做客时，作为一种社交活动，无论哪种文化，你都有必要带件礼物给主人或女主人，这总是适宜的。

● 极为重要：在日本和中国。

● 重要，但并不至关重要：在亚洲/太平洋沿岸、中东、非洲。

● 有点重要，更多的是出于一种礼貌：拉丁美洲、东欧/俄罗斯。

● 不重要或没人期待你这样做：美国、加拿大、澳大利亚、西欧大多数国家。

成功地赠送礼物

赠送礼物不需要复杂的程序。只需稍加研究，留心文化的敏感性，再计划一下把礼物拿出来的时机，失礼的可能性就完全可以避免。正像前面所提到的，只要你能回答以下基本问题，就能确保成功。这些问题是：谁将接受礼物？什么是文化方面适合的礼物？怎样、何时赠送礼物？另外，别怕把礼物的品牌露出来。全球知名的品牌如古琦（Gucci）、迪奥（Dior）、蒙特·勃朗（Mont Blanc），在全世界人眼中都会增加礼品的价值。

□ 做好准备工作

花点时间研究一下馈赠礼物的传统和一种特定文化对送礼物有哪些讲究，这些是成功的基础。要使你显得更为突出就需要找到在文化方面更为适宜的礼物，而且还需特别注意收礼物的人的个人喜好。一个优秀的销售总裁会对全球各国的客户喜欢什么和不喜欢什么，兴趣是什么以及重要日期（如生日、提升时间）建立个人档案。大多数信息都是靠留意观察获得的，如个人办公室的内部装修，是否有什么特别的主题（一位德国客户迷上了美国西部牛仔），还有就是在谈话中特别是谈到个人爱好时，或一起出国旅行时发现了对方的爱好（是否吸烟斗?）。有助于你避免在人际关系方面失礼的一些信息（一位瑞典客户发誓绝对戒酒，所以送酒就不恰当）也包括在内。这些信息都能使企业领导者赠送符合对方目标、投其所好而同时避免任何不妥当的礼物。通过这一过程，可以在建立人际关系方面取得巨大成功。

□ 送礼也要计划

赠送礼物的时机同礼物本身一样重要——要如同选择礼物时那样留心。如果你事先准备好了，你应了解是在第一次见面（在俄罗斯很常见）时赠送礼物，还是在交易成功时（在拉丁美洲很常见）馈赠礼物。赠送礼物最好的时机是在推介会上。以下是一些基础性的常识：

● 一件礼物无论是否贵重，都应包装精美。礼物包装得不好表明一种不在乎的态度，会有损送礼物的效果。

● 在选择适当的包装材料时，要意识到对方在颜色方面的忌讳（如中国人认为白色代表死亡）。还有，包装要适合收礼物的人，为一位建筑公司的高级执行官包装一个昂贵的烟斗时打一个有花边的蝴蝶结则会给人以错误印象。

● 应随礼品送一张卡片并写几句祝福的话。在一张商务卡片后面写点什么都会奏效。

● 适时地赠送礼物，送礼过迟会降低礼品的效果，等到你在海外执行完任务再送礼物就太晚了。

警示☞

在你返回本国后又寄出一份特殊的礼物表明你还愿意保持联络，仍然想建立长久的商务关系。这适用于长期的商务往来。今天的交易也许没做成，但总会有做成的一天。

接受礼物时的礼仪

了解如何恰当地从商务伙伴那儿接受礼物，并不是一件普通且轻描淡写就能应付的事，它可能是一件容易冒犯别人的事。要学会优雅地接受礼物，不管你对礼物的给予者持何种态度。下面是在国际商务场合接受礼物时能做和不能做的一些事情：

● 在许多文化中，当着赠送者的面打开包装看礼物被视为粗野之举。而在有些文化中，赠送者也许会请求你立刻打开包装。如果你把握不准，就直接问赠送者是否可以立刻打开包装。

● 最佳、最安全的接受礼物的方式是用两只手接（在伊斯兰文化和一些非洲文化中用左手接礼物会使对方感到恼火）。

● 在许多亚洲文化中，特别是在日本，客气地表示推辞会被认为是适当的礼貌。在中国，接受者开始会拒绝，两到三次推让后才会接受，这会显得不那么贪婪。

● 在佛教文化中，礼物是对给予者而非接受者有好处的，简单地谢谢就可以了，不必夸赞。

● 互赠礼物是很常见的。要确保互换的礼物价值相等。在互赠礼物时，不要喧宾夺主。

拒绝他人的礼物

实际上拒绝接受礼物在商界是很少见的，然而，随着全球伦理道德标准逐渐趋同，拒收礼物将变得越来越常见。重要的是要区分该礼物是适当地表示赞赏或尊敬，还是一种掩饰贿赂的方式。在美国文化中，拒绝他人的礼物是完全可以接受的，在某些情况下甚至是强制性的。西方执行官更可能把礼物退回赠送者，因为礼物太奢侈可能会被曲解为受贿。

在北美和欧洲文化中，公司常常制定政策，明确规定雇员无论等级都不允许接受任何礼物。作为一种礼貌性的表示，大多数公司和公司的执行官将预先声明这一点，以避免造成尴尬局面。如果你对对方公司的政策有任何疑问，应大胆询问，但要做得谨慎些。任何在这类公司任职的执行官应尽早地让外国商业伙伴了解公司关于收受礼物的政策。你可以非常客气地让外国伙伴知道，或是事先告知对方，或是接受礼物时说明；同时应说明你感谢对方的这一举动，但公司明文规定禁止接受礼物，说明时不要给对方带来冷酷无情的感觉。

拒绝接受礼物在大多数亚洲文化中是件棘手的事情，有可能冒侮辱和激怒送礼者的风险，如果可能的话，还是收下为好。如果你个人不愿保留礼物，可以把它转交给慈善机构。拒绝接受礼物表明你缺乏文化敏感性。任何想在国际舞台上大展拳脚的公司，应该允许雇员赠送或接受礼物。本着依照实际情况办事的原则，依常规和雇员个人道德情况具体分析，远好过一刀切地明令禁止接受他人礼物或者向他人赠送礼物——这样的明文规定在世界很多国家和地区都可能被曲解为十足的无礼。

馈赠礼物的习俗和忌讳

赠送礼物的传统在国际商务中依国家和文化的不同而异。下面是在一些文化中，特别是双方可以互赠礼物的地区的一些常规行为。

□ 亚洲和太平洋沿岸

在大多数亚洲文化中，赠送礼物仍然是商务关系的重要方面，但出席活动时没带礼物并不见得就对该笔交易不利，特别是你在和年青一代打交道时。下面是一些文化中的例证。

● “红包”在中国和亚洲文化中仅用于装钱，特别是在春节和参加婚礼时常常会用到。过去它没有负面含义，现在的“红包”也可能等同于受贿和行贿。

● “四”被看作不吉利的数字。

● 亚洲人喜欢有包装的礼物，包装的颜色要鲜亮（红色或金色最好）。包装越精细越好。

● 慷慨受人赞赏，会被看作对别人的尊敬。但一定要避免将礼物以四个一组或一包赠送给亚洲人，因为这会被认为给接受者带来晦气。

● 在亚洲的伊斯兰文化中，总是用右手赠送或接受礼物的。

□ 中东和非洲

在大多数阿拉伯文化中，赠送礼物与对一家公司或个人的信赖相关。在中东，慷慨是重要的品质，与伊斯兰教的信条和古兰经密切相关。这一地区的习俗是由阿拉伯主人先向客人赠送礼物。礼物互赠是相当重要的，回赠一件比你收到的礼物价值低廉的礼物将被看作怠慢的表现，正如同超过主人的礼物价值也是不尊重对方一样。在该地区，理想的礼物包括：高品质的皮制品、银制品、宝石、水晶制品和开司米织物。

● 在伊斯兰文化中，不能用左手接受或赠送礼物。当访问沙特阿拉伯的商业伙伴时，男人不能特别给女主人送礼物，这会造成误解，惹恼对方。

● 与阿拉伯文化相比，以色列人不注重礼物，他们的态度很像北美人，商务就是商务，礼物只是过节时才送的。

● 南非是一个商务文化的混合体，应根据公司具体情况而定。

□ 拉丁美洲

在世界这一地区，馈赠礼物不如亚洲和中东那样仪式化，但它在社会文化中仍起着重要的作用。在商务活动结束时，没有为对方准备一件有你公司标志的小礼物会显得有点失礼——但是并不会给商务关系带来致命的伤害。大多数拉丁美洲国家是高调、人际关系驱动型文化，在那里互赠礼物可以突出双方业务关系的重要性。拉丁美洲人非常欣赏并称赞个人或公司所展示的关怀和慷慨。

● 送给女士礼物常被误认为一种调情，应明确说明礼物是什么，并说明没有性方面的含义。

● 避免赠送那些令接受者感到要强迫他穿或展示的礼物，除非非常肯定礼物符合其个人品味。

日本：仍然是个特例

谈到赠送礼物时的礼仪，日本是一个非常特殊的地方。对于日本人来说，送礼是表达友谊、尊敬和赞赏的基本方式。赠送礼物深深地植根于日本文化之中，这可以追溯到400年前，当时人们在中元节（夏季中期）和岁末节（年终）会互相赠送礼物，这种做法开始盛行则是在江户时期（1600年初）。当时赠送礼物的想法与日本的神道教祭奠祖先有关，开始仅在家庭成员间、亲戚间互赠礼物，后来延伸到社会交往和商务活动中。

中元节和岁末节被看作尤为重要的两个赠送礼物的节日，在这两天，日本人把礼物赠送给那些在前一年帮助和关照过他们的人，送礼的名单包括老师、警察、消防警、医生和重要的商界人士。

如今，零售业数字显示，平均每个日本家庭一年要买26次礼物，平均花费多达每次60美元。但如同全球经济中活跃的其他亚洲文化一样，日本年青一代已不那么狂热地追随传统。许多人对赠送礼物的礼仪已变得非常随意了。（随着日本经济的衰退以及人们开始更多地接触到西方商务风格，许多年轻的日本人开始重新思考赠送礼物带来的成本、送礼的频率以及送礼的重要性等问题。）在20世纪90年代中期，日本人购买礼物的平均支出已明显降低。

□ 在日本人赠送礼物的背后

许多旅行者和社会学者都会争论说，在赠送礼物这个问题上，日本人真的是没有选择。赠送他人礼物可以消除他们内心的歉疚感。原因是：平等这个引导日本人在公共场合的行为和商务行为的最基本的社会动力。在日本，平等或许是指引人际关系的最有力的社会观念，它是不言而喻的社会契约。在日本人的意识中歉疚感很深，即使是在最简单的人际交往中，这种感觉也会以无数种方式表现出来（这对大多数西方人来说很难理解）。所以，当你为日本人尽了微薄之力后，对方就对你有负债感，而且会想方设法报答你。这有助于许多来访的商务人士理解日本人为什么会过分地表达他们的谢意，并强行坚持要送你礼物。

实际上，赠送礼物只是寻求平等的一种做法，这能部分地减轻日本人对他人的负债感。正像前面所提到的，那些信奉佛教哲理的国家都相信赠送礼物的好处，而且这种好处是带给送礼物的一方而不是接受者的。日本人简单地把赠送礼物看作对自己寻求平等的一种偿付，因此，你真的不必过分推让。表示出客气并接受礼物是明智的，从而可让日本人释放一下他们的负债感。所以，最糟糕的事是你拒绝接受日本商人的礼物或宴请，这种拒绝意味着他无法偿付对他人的负债——这个事实很可能惹得日本人更加烦恼，甚至会让这位日本同僚因羞愧而半夜惊醒。

□ 在日本赠送礼物的小提示

有心送礼物很重要，怎样送礼物也很重要。选择不当或文化上不适宜的礼物或笨手笨脚的赠送方式最终都会伤害商务关系，这还不如不送礼物。记住，在日本——一个典型的奉行高调、关系驱动型文化的国家，你赠送什么礼物、你是怎样赠送礼物的、你如何遵循已建立的礼仪将被视为比言语更重要的，也比你代表个人或公司表示对方是你的潜在伙伴更重要的。

● 别给每个人赠送相同的礼物。高级执行官应该得到（他们也期待着）比下属质量更好、更贵重的礼物。这与日本文化尊崇等级、看重个人在社会上的地位是一致的。如果没有按照级别进行区分，则会被视为对对方的一种侮辱。

● 出于同样的原因，如果会见较大团体的客人，不要当着大家的面赠送某一个人礼物，这将会使接受者感到尴尬，从而有损大家所珍视的团体和睦。处理办法是向所有人都赠送一份礼物，或是等待更合适的时机。

● 应该包装礼物，在中国，绝对不要用白色，白色一直意味着哀悼和死亡。

此外，日本人不喜欢意外的事，要提前告知日本商业伙伴你打算送他礼物。

● 所赠礼物的价值、谦逊的态度是很重要的。它是双方关系密切程度的象征。

● 出于同样的原因，谨慎地展示礼物的品牌是可以接受的。日本人了解礼物的价值，没有必要隐藏这一事实，如送 Mont Blanc 的笔或 Gucci 的名片盒，品质是最重要的。

● 同样的规律也适用于交换名片的礼仪，在赠送礼物时应一同送上名片。应最先向级别最高的管理人员赠送礼物和名片。礼物要用双手送上，这是尊敬的标志。

● 避免任何带有公司标志的礼物，因为无论它多么昂贵，日本人都会把这种礼物看作随意赠送的礼物，是公司做广告的借口，因此最好避免。

● 记住，日本人也把“四”看作不吉利的数字，千万别送一套四个的东西。

● 赠送礼物在这一文化中是如此根深蒂固，甚至赠送一些奢侈品也不会被看作贿赂。贿赂往往采取服务的形式，而不是现金或有形商品。

文化上不适当的礼品

难道真有什么国际上公认的安全礼品吗？回答是否定的。即使送花也会引发意外，如果你送了文化上敏感的东西，就会让你丢脸（如菊花在比利时代表死亡，红玫瑰在德国象征很热切的浪漫兴趣）；如果你在颜色上出错（在日本，白花代表死亡），也会让你出丑。在你到海外出差之前，要作大量研究，以确保你的礼物能传达正确的信息。本书第 19 章还会专门讲到这一问题。

第 11 章 跨文化的幽默

风趣只是谈话时的调味剂，而不是正餐。

——威廉·黑兹利特

在 20 世纪上半叶，心理学家认为幽默是一个高超的社交技能。他们推论，在世界某些地区存在着群体或整个文化完全缺乏幽默感的情况。当然，他们并没有找到这样一个群体，这导致心理学家最终得出结论认为，幽默确实是世界各国普遍存在、各种文化普遍都有的东西。世界上的每种文化中——中国、美国、德国、蒙古国、沙特阿拉伯——都能发现值得捧腹大笑的东西。

幽默与笑声

“笑声”和“幽默”这两个词常常被互换使用，这是不准确的。幽默往往引起笑声，并被定义为“一种理解力，甚至当我们面临逆境时，这种理解力使我们经历喜悦”，以及“可以使我们体验笑的喜剧心态、情绪和精神”。笑从另一个角度看，只不过是一种有形的面部表情和面部肌肉的抽动。它可以很响亮、很喜悦，也可能很低沉、很狡猾。笑声有许多种类，其中许多笑声与幽默无关。研究人员已经注意到有成功的笑，有幸灾乐祸地注视着失败对手的异常的笑；恐惧、危险、吃惊、愚笨、不尊敬、挫败、无可奈何都可能引人发笑。若不考虑笑的源头，笑是件好事，许多研究表明，笑有利于身体健康，笑能减轻痛苦，可以帮助人们看到生活的另一面。有时，如果你确信自己精通对方的文化，了解你的贸易伙伴的性格，那么幽默甚至可以帮你在生意上打开坚冰。

幽默与文化

你可以通过研究经济数据、了解历史事件来认识一个国家及它的文化、它的社会问题。另一种方法就是听人们开什么方面的玩笑，最流行的幽默话题往往比政治与社会时评更能揭示这个国家的状态。

在当代，关于幽默能揭示一个国家的人们的深层次关注点的例子是俄罗斯。20 世纪 80 年代末，街头巷尾讲得最多的笑话与苏联的解体有关。后来，当这个国家朝着私有化迈进时，由于社会不平等的加剧，它的幽默话题基本是以俄罗斯富人为主角的。一个例证是，伊凡开着他的梅塞德斯汽车在莫斯科郊外的高速路上行驶时撞到一棵树上，车彻底损坏了，伊凡也被甩在路旁，他哀叫道：“我的梅塞德斯，我可怜的梅塞德斯。”一个农村妇女听到了哀鸣并告诉伊凡不要为他的车担心，而更应该担心他的左臂——他的左臂在撞车时断了。伊凡平静下来才发现他的左臂果然不见了。“哦，我的劳力士，我可怜的劳力士，”伊凡喊道。

商务场合的幽默

没有什么比出席一次国际商务会议时听到翻译说“讲话者刚才讲了个笑话，

我翻译完后请大家笑一下”更让人痛苦的了。这里，文化背景和语言是最重要的。文字游戏和双关语很少奏效。任何玩笑都需要解释——实际上大多数玩笑用另一种语言解释给不同文化者时，可能根本无法令人发笑。

美国人喜欢在商务交易中引入幽默，英国人更喜欢在推介会上和谈判时讲一些笑话。当然，并不是所有文化都认为把幽默混入商务中是适当的做法。德国人更喜欢在工作之后，在饭店或酒吧里开玩笑。他们认为，在正式的商务谈判中，幽默不起任何作用。他们认为幽默只能显示对来访者的不尊敬，让人慌乱，分散注意力，而忽略交易中的细节（他们来自低调文化，注意准确性和大量的细节）。日本人也认为在商务活动中不需要加入幽默，太多幽默会使交易处于危险之中。中国人也持有同样的想法。儒家思想和佛教尊崇真诚和礼貌，中国人和日本人深受其影响。

被惹恼后该做什么

大多数人有时可能会讲一些惹恼人的笑话，这往往是因为他们的无知而不是有意而为之。如果你发现自己处于一种因幽默而被对方惹恼的局面，最好不要过分激动或当众大吵大闹。坚持自己的原则当然很重要，但在国际商务场合要非常谨慎。一种较好的处理方法是把那个人拉到一边，解释为什么在你们的文化中这样的玩笑被认为不可笑，你很可能帮了讲笑话的人一个忙，使他不再讲这样的玩笑，以后不致再惹恼别人。被玩笑伤害的一方有责任给予反馈，这样能帮助对方改变自己的行为而不再惹人生气。

警示☞

当然有必要让对方知道什么会、什么不会惹恼你，但这并不是你这次商务旅行的主要目的。对一些小节，如侮辱你的玩笑，通常可以选择忽略，而不加任何评论——特别是当你是产品的卖方时，对让你感到不舒服的地方应不过分在意为好。

国内和国际的幽默

是不是每个国家都有自己“品牌”的国内幽默？从某种程度上讲，每种文化都有一些不同的使人发笑的公众笑话。讽刺和夸张是美国人特有的开玩笑风格。日本人喜欢文字游戏或双关语，有时也喜欢猛烈的、粗鲁的滑稽喜剧。英国人爱好模仿，特别喜欢模仿一些政治舞台上的重要人物。肯尼亚人认为滑稽戏及本地方言的文字游戏可笑。印度人有时对幽默很敏感，有时其他一少些文化中喻义深奥的寓言要更令人暗自发笑。中国人的谜语和谚语很幽默。总之，文化能决定来自某个国家的某个人会对什么玩笑感兴趣。除非你真的了解什么能使你的听众发笑，否则当你把幽默引入商务活动或某些社交场合时，你很有可能会遭遇尴尬。

目前，还没有一种幽默能跨越所有文化的障碍，但研究人员注意到确实有一种共同的因素能使来自不同文化的人们发笑。1993 年发表在《营销日报》（*Journal of Marketing*）上的一篇文章研究了四种不同文化在广告方面的幽默感，这四个国家是：美国、德国、泰国和韩国。研究者发现在四种文化中，绝大多数电视广告中包含幽默，或者用研究者的术语讲是“不恰当的反差”，即观众期望看到的和他们实际看到的东西的反差。正是这种差异或反差使大多数国家的人感到好笑。一个“令人吃惊”的结尾是令人愉快的——它能使人发笑。

□ 全球化喜剧

虽然说世界各国的幽默感并没有趋同的势头，但是确实有一些主角已跨越了自己的文化，变成全世界的笑料。随着时代的变迁，笑话的主人公可能会有所不同，但是笑话的基本内容大体上是一致的。一位德国商人回忆起他在中国香港听到的一个笑话：微软公司总裁比尔·盖茨——20 世纪 90 年代全球商界人士崇拜的偶像——是如何换电灯泡的？回答是：他不需要，他只需召集一次会议，宣布世界从此以后都要处于黑暗之中就好了。这个玩笑是说：微软把世界看成什么样，世界就会是什么样。

第 12 章 跨文化的会晤

驱动商务，否则商务会驱动你。

——本杰明·富兰克林

在海外经商所花的时间是高价的——而且有时会令人非常沮丧。能在几千英里以外安排商务会议是你最初的小小胜利。即便是最有耐心的企业家也会发现，这点小欣慰很快就会成为过去，国际化经营之路充满变数。期望不用大量打长途电话、大量发传真就能安排会议是不可能的。当然，在进行面对面会谈之前，应尽可能地让对方了解你公司的情况和你自己的资历（包括出席会见的同事们的资历）以及你们所提建议的梗概。大多数公司还将考虑你在世界其他地区交易的经历，以作为参考。若能得到本地其他公司的推荐，或用有关报道证明你曾进行过的商务活动，将帮助你们提高公司的国内和国际知名度。

正式还是非正式

在接触潜在的国际伙伴之前，最好掌握以下一些基本情况：如果他们属于低调文化，那就需要全面准确的建议和细节；如果属于高调文化，则需要的细节很少，但追求更深层面的个人交流。你还需要判断对方期望中的这次会见的正式程度，进而采取进一步的行动。

采用正式的接触方式	采用不太正式的接触方式
日本	美国
中国	澳大利亚
俄罗斯	加拿大
德国	尼日利亚
阿根廷	以色列

如果你认为你将要打交道的国家做生意时相对不太正式，那么你就可以取消诸如以第三方和政府的推荐信正式地将你介绍给对方这类做法，采取让公司一开始就进行直接接触的方式。当然，对每个独立的公司而言，采用非正式的方式要冒一定的风险，可能比采用正式方式具有的风险水平更高。如果把握不准，可以向本地大使馆或商会寻求建议，这是最好的办法。

这里是一些一般的规则：

- 亚洲文化需要高水平的正式性。与欧洲文化相比，他们对正式性要求更高，而欧洲文化又远比美国、澳大利亚和非洲文化更为正式。
- 年龄常常在所需的正式性方面起更大的作用。一般情况下年青一代往往比老一代更随意。这一点在亚洲和拉丁美洲更明显。
- 小型企业化公司不如历史悠久的老牌公司那么正式，例如，将 IBM——穿西装、系领带的文化——与成百家硅谷白手起家的小公司相比，则前者更正式些，因为这些小公司的职员只穿牛仔裤和 T 恤衫。

做好安排

虽然电话也可以，但书面形式的通信仍然是最可靠的交流方式。所有书面通信包括传真，都应以本国语言和目标国家语言两种语言发送（电子邮件基本上用英语）。不要仅依赖电话来落实一次会议，最好用书面形式。此外，要耐心。尽管有人在帮你打通关系或者说有中间人，但要落实你希望见到的一家或者几家公司的领导层什么时候有空，还有很多工作要做。

别指望仅用几天甚至几周的时间（这取决于你希望和多少人会面）就能安排好一次海外商务之旅。通常，执行官的秘书或私人助理为了不让海外商业伙伴失望，当老板没空时会建议让其他人参加会见，这会导致时间和精力的浪费。如果你非常明确地知道自己应该见谁，那么不要见任何职位可能比你想见的人低、对于需要商谈的提案或事项没有决策权或者所有权的人。遇到这种情况时，如果有必要，可以改变你的日程安排。

警示☞

即使是制订好的计划也可能会出差错。会议常常在毫无征兆的前提下被取消，有时候则是临时换上一些不合适的人选参会。这种时候需要保持头脑冷静，在多数文化中，即使稍有一点不满，都会导致会晤被改期。再次提醒一下，要时刻牢记你这次商务旅行的主要目的，同时也要认清自己是处在卖方还是买方的地位上。

疏通关系的人的作用

随着市场的全球化，正式的介绍信正在逐渐消失。但是，在某些文化中，介绍信仍是非常重要的——特别是和那些老牌的、传统的企业家或者公司打交道时。除非你代表的是一家国际知名公司，如 SONY 或 IBM，让第三方为你写一封书面介绍信或者是为你筹划与对方的第一次面对面交流，仍是与对方建立关系的最有效的途径。例如，在日本，除非有第三方的介绍，否则你不可能与大公司的高级官员会面。在某些领域，如投资银行业（即便在相对不那么正式的文化中也是如此），正式的第三方推荐仍然被看作最基本的一个环节。

安排一次初识见面不会像听上去那么难，前提是你们公司要有卓越的口碑、良好的财务状况、诚实的商务交易历史记录。可以由你们政府的海外贸易使团、你们的银行、审计师或会计师事务所和专门从事国际事务的顾问安排写一封尽可能少些吹嘘的话的介绍信。有声望的第三方写出的介绍信——即使第三方本身并不认识你需要引见的公司——几乎在任何情况下都是可行的。

□ 选择合适的“关系疏通者”

如果你决定在海外聘请一名第三方顾问或“关系疏通者”，重要的是你要仔细考察他们的可信度和声誉如何。寻找你能找到的参考资料。在许多国家，特别是那些刚建立起市场经济的国家，每个人都声称有影响力、有能力以政府和私营业者的名义帮助你树立形象，但最终他们的一切“努力”都只不过是夸夸其谈。更糟糕的是，这些人可能会按非道德的方式操作，那实际上会使你公司的名誉甚至在尚未见到想见的人的情况下就受到玷污。考虑到这些国家多变的政治和商务气候，今天声称自己认识当权派的某个关系疏通者，第二天很可能连要到一杯咖啡的能力都没有了。

为会见做准备

没有任何理由不做事先准备工作。在推介会上表现得一塌糊涂——没有针对当地市场做好调研工作——会对你的信誉造成损害，而此时你甚至还没有机会和对方坐下来在商务晚宴上喝一杯。了解一个国家基本的历史、地理知识是至关重要的。这些方面的讨论话题迟早会出现在你们的谈话中，知道对方对你有什么期待是很重要的。

在高调、关系驱动型文化中，第一次会面只不过是吃吃喝喝，以便对方能对你有一个直观的了解。第一次会面只不过是为了建立私人友好关系，并确定你是否值得信赖。一旦作出判断，接下来就是按部就班地解决一些细节问题了。例如，你是加拿大公司的主人，招待意大利的商人（意大利是一个高调、关系驱动型文化），第一次会见时，你更愿意用大量的数据、实例把他们镇住，而他们也许更愿意通过闲聊或随意参观一下你们的设备来对你有所了解。另一方面，当加拿大人作为主人招待一队德国商人时，直接把话题转向事实或数据是完全可以的。事实上，如果你不转入正题，则会发现他们很不耐烦。

□ 议事日程

在第一次会见之前，双方最好就议事日程达成一致。无论你是主人还是客人，为了将讨论的话题限定在某个范围内并保持一定的控制权，明智的做法是首先要提出议事日程草案（以书面形式），想尽一切办法要求对方投入，但要努力维持己方对话题的掌控权。让东道主了解出席会见的人及他们的头衔，是比较礼貌的做法。同样重要的是让东道主知道谁是代表团的团长。如果你们这边有任何变化的话，一定要及时通知对方。在许多文化中，特别是在亚洲，你方代表团团长的职位与你们期望见到的对方的最高级别的行政长官的职位相当，是非常重要的一点。派一个中层管理者会见一个公司总裁在许多文化中被视为失礼的行为，或者说是对对方的侮辱。无须派出太多的人，否则会在人数上压倒东道主。

□ 会见地点

如果你方是某次商务会见的东道主，会见地点、招待水平和相关服务（传真、互联网、电话、秘书）的质量等，都会影响到你公司给别人留下的印象。

在高调文化中，以下这些细微之处，如椅子、桌子、空调、宴会的酒菜、卫生间的设备，都很重要，且会对双方关系产生或正面或负面的影响。在某些文化中，据说有故意在会议过程中让来访者感到不舒服的先例（椅子不够舒适、室温过高等），目的是希望在谈判中获取优势（中国人、俄罗斯人、法国人被大家公认为会采取这种小伎俩）。幸运的是，这种事越来越少了。

在筹备工作中，你需要特别考虑一些微妙的文化倾向性问题。例如：

● 座位的安排。为代表团的团长提供一个明显的座位。在许多文化中，代表团团长期待一个受尊敬的座位，否则就是对他的一种轻视。

● 要留心文化方面禁止使用的颜色。在许多文化中，白色远不是中立的颜色，它常与死亡和哀悼有关。

● 花卉的装饰。在你进行花卉装饰时要记住，不同类型的花在许多文化中有负面含义。例如，石竹在法国与死亡有关；菊花在日本和比利时也与死亡有关。

● 要意识到禁止吃的食物。例如，对于来自叙利亚的穆斯林代表团，不要为他们提供猪肉。

□ 抵达

与在全球范围内做生意伴随而来的旅行距离的增加意味着，商人常常得忍受远距离飞行引起的对生理钟的干扰——时差给人的身体和精神带来的副作用。时差是一个很切实的问题，不管是多么自信、急切的商旅人士，都会受到它的影响。在开始任何会见之前，明智的办法是给自己足够的时间对付飞行带来的这种副作用。令人感到奇怪的是，很多国际商务人士低估了这种副作用，由于忽略它而导致生意没有谈成或者是给对方留下很糟糕的印象。东道主经常会派人到机场迎接首次到访者，并在客人下榻之后就客气地急忙安排第一次会面。应给来访者留出一两个小时的时间，让其适应一下当地的气候和环境。这会给对方留下完全不同的第一印象。

□ 准时

在商务历史上还没有人因准时而受到批评。在一些文化中（如德国、荷兰、美国），准时是最低的要求。无论找何种借口，第一次会见时若迟到就不能得分。从饭店到会见地点，总应留出额外的时间。另外要记住，许多现代办公楼里都装有安检设备。如果他们要你走过金属探测仪，别感到大惊小怪；如果对方要搜身的话，就让他们搜好了。别把这看作一种侮辱——这毕竟也是为你的安全着想。

□ 介绍和打招呼

每一种文化都有打招呼和介绍的礼仪。日本人要鞠躬，地位低的人要先鞠躬，且频率很高。美国人要握手，并常常在你背上轻拍一下。在印度，问候是将两手合在一起像祈祷一样，手举得高低代表对你的尊敬程度。在中东，男人们在右面颊互吻。法国人在见面时和离开时要握手，正像大多数拉丁美洲人那样。

见面经常是由高级官员引见的，这有助于你了解谁是你应该不惜一切努力建立人际关系的关键人物。在欧洲、中东和非洲，应该等主人说坐下之后再坐下。坐下后，等着主人问你是喝咖啡还是喝茶。你最好接受主人的提议——因为这样一来，就给你提供了正式会谈前休息一下的机会，并让你能进行一些私人交谈。

□ 与名片有关的礼仪

在许多文化中，特别是在日本，在初次见面时要互换大量的名片（第5章中有更多关于名片互换的细节）。你的名片应该以你的母语和当地语两种语言印制。最重要的是在名片上要包括你的头衔，这被认为是一种礼貌。要研究一下递给你的名片，当然你有许多名片要研究，因为每个到会的人都要给你一张名片。在互相介绍时（以及前期的传真或通信往来中）要讲清楚，谁是这次招待会的主办方。

□ 结束会见

有一条规则贯穿所有文化，那就是应该让主人决定什么时候结束会见。这甚至适用于来访者是买方和投资者的时候。如果你是主人，你应该问大家对你的公司和公司的简介还有什么疑问。

通常，来访者会被送出会议室。如果你会见的人（亲自主动）送你走出外边的门廊，可以抓住这个时机谈一些个人的情况，如喜欢的运动、美食、家庭情况或娱乐项目。这是在正式场合之外与对方建立起友好关系的重要机会。就是在坐着电梯从12楼下去的时候，你有可能赢得或者失去一笔生意。任何一方都有可能会抓住这个时机安排一次8小时之外的会见，这时商务和社交就结合在一起了。

翻译：成功的关键

翻译人员的重要性和技能常常被人忽略。考虑一下他们是在什么样的压力之下进行翻译的。一位好的翻译必须仔细听你的话，同时在没有草稿和错误的前提下，再现你的原话，这远不是机械性翻译所能完成的。一个好的翻译能意识到你的非语言线索，即你讲话时的语调、感情、身体语言及面部表情。这些非语言的交流是接收方通过你的信息得知的。当你聘用翻译时要注意的是：

- 他（她）能否用你的语调或音调传递你的信息？
- 他（她）是否会用柔和的声音而不是生硬的声音回复对方，特别是当对方需要你回答时？
- 翻译是否能正确模仿讲话人的感情特点。

语言误解是跨文化交流的祸根。令人惊奇的是，在国际商务交易中，常常会出现使用不同语言的双方同意用一方或另一方或双方都不太熟悉的语言交流的情况。在合同拟订之前，双方总会因某一措辞不一致而舌战一番，这常常会伤害双方的友好关系。

□ 团队译员

即使你们请了职业翻译，最理想的状况还是让你们公司的一名不仅精通交流所使用的语言，而且了解对方的当地文化的员工参与到翻译工作之中。这个人的主要职责是杜绝翻译过程中可能出现的误解，清楚地解释专职翻译人员没有时间或者是没有能力解释的一些单词或短语的意思。这个人可以专注于对方传递的信息，观察对方的肢体语言、面部表情等这些在高调文化中有着深刻含义的微妙细节。你方有这样一名工作人员的另一个好处是，他可以听到对方成员的“旁白”或“内心评论”，这样就能较好地了解对方的策略和真正的企图。

□ 内部信息

如果你方是某次跨文化商务会议的主办方，可以考虑使用你公司的雇员做翻译，如果他具备基本的翻译技能的话。你公司的雇员会更了解你公司的最终目标，并且懂得你们这个行业的习语、行话和专门技术用语。

当你是主人时，你可以请你公司的雇员充当翻译；如果你是来访的客人，则要拒绝这样的建议。翻译的角色实在是太重要、太敏感了，不能让一个你根本就不信赖、不了解的人担任。尽管他们可能具有良好的信誉，但你永远不可能肯定他们是中立的。笼罩在怀疑和误解之中的谈判很少会有成功的结局。应考虑是否需要带你自己的翻译，即便花钱也是值得的。如果你没有一个熟悉当地语言和当地文化的雇员，那就雇用一个你至少可以相信他是中立的职业翻译。

在许多发展中国家或那些刚实行市场经济的国家，翻译人员有高人一等的优越感——许多人认为自己工作很清闲，或者认为自己比所服务的两个执行官要聪明得多。当你雇用一个当地翻译时，要让他们知道他们的角色，他们需要弄懂双方所说的一切。若任由翻译按照他自己的意思做事，肯定会使谈判破裂。大多数时间你要带上自己的翻译，重要的是你要有自己信赖的翻译，他的专业技能使他足以在你所从事的领域中做好翻译工作。在世界主要城市中，都有机构提供专业化翻译人员，他们专门从事高科技领域如石油、天然气探测、计算机软件及工程等方面的翻译。你不应低估一位值得信赖的好翻译的作用。

□ 聘请翻译人员的一些小提示

- **筛选是重要的。**翻译人员需要进行筛选和测试，这样可以确信他们是否能够胜任翻译技术性语言和商务习语。要确定他们对当地语言的掌握程度。
- **术语表。**如果谈话是高度技术性的，应考虑为翻译提供一份术语表，该表包括他（她）能参考的或可以事先准备的术语。
- **确立工作原则。**会议前，要和你的翻译商定工作的细则。例如，你讲多长的句子才停下来让翻译者翻译。
- **别累坏了你的翻译。**每隔几句就停下来让翻译人员翻译，每句话要有重点。当翻译还没完成前一句话时，不要开始说下一句话。翻译每隔两个小时就要休息一会儿。使用翻译会使会议延长为正常时间的三倍，所以要耐心。
- **位置安排。**一个翻译不应坐在最重要的位置上或坐在你和外国商业伙伴之间。不要直接对着翻译讲话，而是应该看着你要对话的人。讲得慢一点，清楚一点，避免使用俚语或习语。
- **聚精会神地听。**在有翻译的谈判中误差范围很大，关键看你是否在全神贯注地交流。当对方讲话时，要研究他的肢体语言、面部表情，看是否有细微差别。将注意力集中在对方身上，而不是翻译身上。
- **两个翻译。**当双方都有自己的翻译时，各方讲话时用自己的翻译，翻译人员不应彼此交谈。
- **不能公开指责你的翻译。**每期会议结束后要考查你的翻译，考查他们有关特别语句的意思、声调及在会议过程中的其他表现。

成功会见的指南

● 要了解你的商业伙伴和他们的文化——第一次会见时要知道他们期待什么，你又期待什么。

● 要预先商定会议日程，给予双方时间去准备，以确保顺利的、富有成效的会议。

● 礼貌的做法是让东道主知道出席会议的人员的名字和头衔。重要的是要让他们知道谁是代表团团长。如果你方有什么变化，要告知对方。

● 会见地点要让人感到舒适，花点时间研究所有细节，避免违犯基本文化禁忌，特别是有关食品、花及颜色。

● 尽量使一切个性化。交易要建立在信任的基础上，要用个人的心弦拨动对方，这将增进你成功的机会。在高调文化中，这显得尤其重要。要显示出你对当地文化的赞赏和好奇，这会点燃人与人之间的激情。随意地提起你想去欣赏一下当地的戏剧，或看一场橄榄球比赛，也许对方会邀请你。这样就会建立潜在的商务伙伴关系。

● 如果你是主人，要向对方提供一个资料袋，其中包括会议日程信息、你们城市和国家的地图、交通指南及其他与商务无关的一些东西。

● 如果需要翻译，尽量自己找——最好就找你自己公司的雇员，因为他和你有着共同的关注点和目标。

第 13 章

跨文化谈判

没有什么是无所求的。

——埃皮克提图

即便是和你本国的同僚进行谈判——他们和你有同样的思考方式，像你一样加工处理信息，享有同样的价值观，讲同种语言，这都是一件非常困难的事情。现在设想一下，谈判双方很少享有共同的知识，双方有着不同的价值观，讲不同的语言，你会很清楚地看到国际交易的谈判会变得多么复杂。如果日本人期待不同级别的人坐在同一张谈判桌上，而美国人要求同等级别的人会面，这可能会是什么样的结果？冲突、错误、误解发生的概率有多大？基本文化差异有多大？

来自不同文化的人有着不同的谈判风格，采取不同的谈判方法。他们有着不同的交流风格、不同的劝说策略、不同的礼仪。他们对争端的看法不同，处理和解决争端的方法也不同。尽管这些听上去令人害怕，但国际谈判的艺术可以归结为一个简单的概念：两方面之所以接触是因为追求一个共同的目标——利润。你们的策略应该是制订一套谈判计划，缩小潜在的误解和冲突。你需要考虑到文化的敏感性，以增进达成可进一步发展成合同草案的协议的可能性——同时，与对方建立商务关系。

持零和思想的人

谈判完全是态度问题。有两种看待谈判最终结果的方法。有些文化把谈判过程看作“双赢”的结果——一个谈判过程双方都有所获益。另一些文化秉持零和思想，即一方获益引起另一方损失的思想，认为某人的获益必然等同于另一些人的损失，净获益与净损失之和等于零。还有一些文化认为谈判是一系列对抗性的战争，或是取胜或是失败。而来自“双赢”角度的人则相反，把谈判看作努力合作、努力寻求利润最大化的会谈。站在这一立场看待谈判的人认为对抗是非理性的。

警示☞

为了让对手放松警惕，那些秉持零和博弈思想的人常常会表现出一副追求双赢结果的表象。如果对方持续不断地谈及“长期”或“和睦”关系的重要性，那么你就要小心了。

“面子”的问题

大多数国际商务人士很可能把“面子”这个概念与亚洲和中东文化相联系。实际情况是，“面子”是个通用的概念，只是其他文化有不同的表达。例如，在西方，它表示自敬、自尊或身份。所有的人都需要“面子”，如果什么人伤了某人的“面子”，后者会立即表示不满。

在许多亚洲文化中，“面子”是人们十分珍视的价值观。这在儒家社会走向了极端，人们避免当面指出他人的错误、失礼或轻率的行为，因为这会导致他们自己或别人在众人面前丢面子，即尴尬。给别人留面子或给面子这种做法与儒家保持集体和睦、尊重现存的社会制度的价值观有密切关系。让某人丢面子被看作对此人当前的社会地位的挑战——因此是对团队秩序的威胁。如果一位亚洲人丢了面子——这无异于丧失了社会地位，他（她）就不能在社团内发挥正常的作用。丢面子是可耻的。

在西方文化中，丢面子的真正含义是“个人”的失败，仅限于本人。然而，在亚洲和中东文化中，丢面子是集体的概念，不仅让某个人蒙受耻辱，而且也会给他所代表的公司或组织带来耻辱。所以大多数亚洲文化是集体主义的，规避风险、保全面子或给面子是人们常用于解决争端、避免使各方尴尬的好办法。给面子包括允许某人有操纵的余地，或隐藏起自己对他人的反应，让其优雅地离开而使其尊严不受伤害。

争端的解决

集体主义文化倾向于避免公开的冲突（大多数集体主义文化也是高风险规避型文化），而个人主义文化则主张迎头对抗，常常相信对抗是解决问题最快捷的办法。在跨文化谈判中，冲突在双方坐下来谈判前就出现了。原因是：谈判的目标有争执，特别是任务驱动型、低风险规避型文化总是想不惜一切代价匆忙成交，而不像关系驱动型、高风险规避型文化，是寻求先为将来建立关系，再谈具体交易。

警示☞

任务驱动型社会依赖于法律来约束合同；而集体主义文化通常很少把法律编集成典，倾向于用人际关系来约束合同。

社会学家有五种解决冲突的方法，这些方法在所有文化中都有不同程度的反映：

- 妥协：也就是“打破分歧”的意愿，这是更乐于见到“双赢”局面的一方通常会采取的方法。多见于卖方的选择。
- 与人方便：这通常是处于弱势一方的选择，他们认为让步是一种解决争端的方式。
- 规避：像鸵鸟一样把头埋进沙里，以跳过争端。常见于高风险规避型文化中，这种方法可能会导致合同的某些条款语焉不详，为以后处理细节问题留下了隐患。
- 融合：试图通过融合意见不统一的两方的主要方面来达成一致的做法。
- 支配地位：常见于谈判者们只考虑如何能赢的个人主义文化中。采取这种方式的人倾向于认为谈判是一个零和博弈。多见于买方或投资方的选择。

决策过程方面的差异

当谈判各方僵持不下时，重要的是要考虑不同文化在决策过程方面存在的差异。在某些文化中，权力是分散化的（如美国和澳大利亚），制定决策比较快——并且常常只由一个人来作决策。然而在那些奉行集体主义价值观的文化中（日本、中国），决策要征得集体的同意，花费的时间较长（在集体主义文化中，决策的执行要快一些，与之相反的是在个人主义文化中，当决策贯彻到基层时，基层有权对决策提出质疑）。以美国和日本为例，价值观和文化影响在决策制定过程中起着重要作用。在日本，维护团队和谐是主要目标；在美国，通常利润最大化或运营效率才是最终目标。

□ 集体决策和简单高效

现在，假设你要作出是否出钱收购钢铁制造行业的某个竞争对手的资产的决策。在日本，决策制定是分散化的，决策过程是自下而上的。在美国，决策制定是集中化的，决策过程是自上而下的。日本人将会从界定问题开始，首先让最底层的人们表达意见——这些人最可能直接受到政策的影响。从最底层的小组开始，决策向上或平行传递直到最终到达最高管理层，这些人已经知道比他们层级更低的人所达成的共识。记住，日本人的目标是维护集体和谐，问题很可能被界定为与增加市场份额，或简单地说增加收入有关的一个决策。一个关键的考虑因素可能是有关并购对本公司和被并购公司员工的影响。一旦达成决定，并购就会相当顺利，因为这种共识来自底层的工人，他们不希望打乱集体的和谐，因而努力工作，使它成功。

在美国，决策过程从高级管理层开始，他们并不给问题下定义，而是寻求如何通过这次兼并实现公司利润最大化的方法。决策的路线纯粹是自上而下的。记住，美国人的目标是经济效益，问题被界定为资源利用效率的最大化和产生利润。决策可能是客观的、没有人为因素影响的。如果效率最大化会导致两个公司员工下岗，美国人也照做不误。工人们对决策没有发言权，但是他们会问，如果他们继续工作下去还有什么意义呢？

警示☞

20世纪90年代，日本经济的不景气和经济复苏之慢，使日本人开始重新评估他们的决策过程。许多日本公司和政府官员已经开始认识到，他们在许多方面要向美国对手学习，要学会以高效的时间观念果断作出决策。

关于跨文化谈判的小提示

首轮谈判是国际商务活动中最重要的一个环节，因此，充分的准备工作至关重要。跟着感觉走的方法可能会很危险。下面是一些关于谈判准备工作的小提示：

● 了解在其他国家等级的重要性是很关键的；要知道谁是决策者；要熟悉外国公司的从商风格；要知道有哪些问题。

● 要优先解决最重要的问题——你的需要——把那些不太重要的问题搁置在一边，这有助于你集中精力对付议事日程中最重要的问题。

● 以史为鉴，弄清楚在过去对你或你公司的其他人在特殊谈判情况下有效的方法，可以再次参考。

● 要研究谈判对方每个人的简历。

● 他们是任务驱动型还是关系驱动型的？

● 他们是如何处理信息的？他们来自高调文化，还是低调文化？在他们的文化中，最重要的问题是什么？

●"面子"在对手的文化中起什么作用？

● 他们的时间观念是什么？

● 他们的交流风格是直接的，还是间接的？

● 他们是秉持零和博弈的思想呢，还是可能采取双赢策略？

● 预计是能够达成正式的协议呢，还是原则上的同意？

● 要了解他们的决策过程。他们采取的是集体决策的做法呢，还是个人决策的做法？他们的文化对待风险的态度如何？

● 要研究谈判对方的主要人物的个人风格。他们是激进的呢，还是被动的？是自我驱动型，还是依赖威胁型？固执傲慢？实行边缘政策？是个人英雄主义，还是讲究合作？与你的队友探讨你们观察到的所有特征。

□ 达到目的

每个谈判队伍进场时都有明确的目标，即他们通过谈判想得到什么？通过采取某种谈判策略想获取什么？要了解在这个国家协议的本质、手势的重要性以及谈判的礼仪。

● 由于存在跨文化交流的困难，必要的是你要以清楚简明的方式提出你的论点。使用简单的语言。

● 准备一个对方可能采取的潜在立场的清单。提前做好功课可以确保你做到心中有数，而且在大多数情况下你都能够找到应对策略。

● 如果你是买方或投资方，要准备好利用你的位置的优势。同样，也要认识到卖方的相对实力。

● 劝说，并不是争论。争论无法帮助你朝着你的目标迈进，只有劝说对方才会起到这样的效果。

● 允许对方首先提出建议，这样你能判断对方的渴望程度。如果率先发言，结果会使你作出许多不必要的让步。

● 做好放弃一笔交易的准备，通常，没有交易要比糟糕的交易更好。

☞

要想了解谈判战术和策略，请参见杰弗里·库瑞编写的《国际商务谈判》一书。

合同与文化

并不是所有人都以同样的方式看待书面合同。美国人和德国人一般坚持使用复杂的合同（常见于任务驱动型文化），紧随合同的是法律性文件；而其他文化，如尼日利亚，由于法律体系不够健全，把合同更多地看作是对目的的声明，而不是对双方义务的约束。

要小心检查与跨文化会面或者是跨文化协议有关的书面文件中存在的问题。翻译可能会不准确，在文件中用错了替换词有可能改变整个交易的意思或者结构。文件和合同应以两种语言拟订（即使你们在谈判中使用同种语言）。即便是你请精通另一种语言的你的某位员工或者专职翻译人员来翻译，也仍然很有必要核对翻译的内容以确保没有模棱两可的话。

警示☞

通常来说，国际合同只有在使用合同各方的语言签署的情况下，才是有效的、可以执行的。要保证你的译文的准确性。

□ 对合同的看法

下面给出了不同文化是如何看待商务合同的一些例子：

- **美国。**美国的合同法可能是地球上最复杂、最详尽的（也是最常用的）立法文本。合同很长，一般涵盖可以想象到的所有可能性。
- **法国。**合同比较长，不易懂——并且必须全部是法文。在法国，即便是最常使用的一些词汇，比如互联网、计算机等也不能用英文表示。
- **德国。**比美国的合同包含更多的细节。一旦签署，要严格遵守，这不仅指德国方面，包括对方都要严格遵守合同。
- **埃及。**合同被看作商务关系的指南，而不是如何具体行动的要求。内容可重新谈判、修改，可多次增加条款，以反映通常仅在埃及那方不断变化的情况。
- **日本。**合同是指南，任何问题都是可以仲裁而不可以提出诉讼的，每份合同都包括一项再协商的条款，完全允许重新根据情况变化再谈判。这与日本文化推崇给人面子有关，即为防止尴尬而留有余地。
- **印度尼西亚。**像许多亚洲文化一样，印度尼西亚人把合同看作一套指南，签署合同后会有一些夸耀和庆祝行为，别假定它的条款会自动兑现。连续不断的监控和提醒是必要的。要小心"咨询费"（贿赂的委婉语）——在大多数合同中都已经包含了。
- **俄罗斯。**重要的是要记住，即使你们已与俄方签署了合同，那也不算什么。俄罗斯人与西方人看待合同的方法不一样。他们把合同更多地看作各种打算的声明，而不是正式的约束和义务。俄罗斯的法律现在正在改进，但仍不能全面到足以对付因撕毁合同而引起的诉讼。
- **阿根廷。**合同更多的是涉及个人荣誉的事，而不是公司的承诺。迎合签署人比聘请律师上诉更有效。如果签署合同的人调动工作、死亡或者移民了，你不得不重新谈判。

☞

要想了解国际合同的合法性和细微差别，请参见卡拉·希比编写的《国际商务合同》一书。

第14章 企业文化

伟大的商务有时源于一枚小小的别针。

——乔治·赫伯特

企业文化就像黏合剂，如果你愿意，它可以把整个组织凝聚在一起。它能体现一个组织的价值观、行为准则、政策和做事流程。对企业文化影响最大的是该企业所在国家的民族文化，这一点是最显而易见的，但是除此之外也有其他一些因素有助于形成企业文化——企业如何看待企业与“外界”的相互影响。公司的所有制结构与企业文化有着密切的关系。例如，家族企业的文化很可能不同于国营公司。每家企业所属的行业也会影响该企业的文化。例如，一家高科技计算机软件公司（一个相对年轻的产业）与一家投资银行（一个成熟的产业）相比，很可能有更多的非正式企业文化。类似的是，服务业的企业文化不同于制造业和采矿业的企业文化。本国同一行业不同企业的文化有时也很不相同——有时这种差异会像民族文化之间的差异那样复杂。

企业文化的组成部分

与民族文化一样，企业文化也有一些基本组成部分。民族文化的组成部分包括语言、宗教、幽默，而企业文化的构件则更具有功利色彩。没有哪一个单一成分能揭示企业文化的真正内涵，但是当你整体观察它们时，能清楚地看出该公司的价值观和目标。企业文化的关键组成部分包括：

●**奖惩体系。**哪种类型的雇员行为会受到赞赏和奖赏？冒险者会被提拔到企业的管理层吗？企业奖赏忠诚且长期为其服务的员工吗？

●**雇用决策。**一家公司雇用哪种雇员显示了该企业的文化。一家公司是否通过雇用不同类型的劳动力来发展并不断接受新思想呢？还是满足于雇用同类型的人从而建立一支同质的劳动力队伍？

●**管理结构。**这家企业是否有严格的等级结构？这家企业是由管理委员会管理，还是由主宰一切的总裁管理？

●**冒险性策略。**企业怎样看待风险？它是鼓励冒险、研制新产品、开拓新市场，还是满足于已经站稳脚跟的市场和产品？

●**有形的装置。**办公室是不是一个鼓励交流、努力营造平等氛围的平台？还是管理人员的办公室与工作人员的办公室是分开的？总部是所有权的象征，还是为了工作中的职能性需要设立的？

国民文化的影响

正像前面所提到的那样，亚洲人高度重视与社会和谐相关的概念，而西方人更重视个人权力和职责。人们不足为奇地发现日本企业总是重视企业文化中的团体和睦。它们设计出一套推崇意见一致、雇用善于群居的员工、试图规避冒险、强调敬业精神的奖惩体系。同样不必吃惊的是，美国企业更可能雇用敬业类型的人，而且鼓励冒险。不可回避的事实是，美国的民族文化塑造了企业的职责、行为和传统。

1996年沃思林全球监测咨询公司针对六个亚洲国家、1994年大卫·希契科克针对北美国家分别进行的两项研究揭示了大多数亚洲和北美企业家所珍视的价值观之间的差异。这些研究表明，民族文化对企业文化确实有至关重要的影响。

亚洲的七大价值观是：

1. 努力工作；
2. 尊重知识；
3. 忠诚；
4. 乐于接受新思想；
5. 责任感；
6. 自我约束；

7. 自立。

北美洲（包括美国和加拿大）的七大价值观是：

1. 自由表达；
2. 人身自由；
3. 自立；
4. 个人权利；
5. 努力工作；
6. 个人成就；
7. 为自己考虑。

原因与结果

通过观察两大洲的企业家们所推崇的价值观，你的脑海中可以勾勒出亚洲企业与北美洲企业各自的企业文化的图景，并了解二者在管理技术和技巧方面的差别。在亚洲，没有人提到个人权利，或者鼓励员工“为自己着想”。因此，源于亚洲的组织结构类型是等级森严、官僚化的企业，尊重无形的价值，如“学识”和“诚实”。与此同时，看一下北美企业家所尊崇的价值观，你会发现北美的企业结构性并不强，比日本企业更具有企业精神。记住，即便是在同一个国家，企业间的文化也有很大差别。IBM 和康柏在同一国家、同一行业，但它们的企业文化在许多方面却有所不同。

研究中有一个有趣的发现，亚洲女性执行官的价值取向更接近北美文化。亚洲妇女更多地注重独立和自立，而亚洲的男人却更多地强调和谐及秩序。这种区别的形成可能归结于这样一个事实，即亚洲的妇女长期以来被拒之门外，不得进入“男人的世界”，只有凭借卓越的管理技能才能取得成功。

有益的企业文化

企业文化是一个很好的概念，但是，它对企业的效益和员工的行为有影响吗？当然会有，虽然这种影响是很难量化的。一个强有力的企业文化能够清晰地界定员工的责任范围，使对员工的期待和员工的行为规范更加明确，并使决策过程更加容易，因为有许多条条框框都定义好了。人们知道他们应该站在什么位置，老板期待从他们这里得到什么。然而，一个强有力的企业文化也有其不利的一面。企业文化一旦确立就很难改变，缺乏灵活性、无法及时作出反应或者调整，这些都使企业在全球市场竞争中处于不利地位。但是如果企业文化较弱，它就无法对员工产生影响和约束。

对于企业员工来说，企业文化最重要的就是推崇责任感。一旦形成了强调责任感的企业文化，企业就无须付出巨大的成本来建立监督体系——这种体系往往会伤害员工的情感，降低生产力。

最后，如果企业文化很弱而且对员工没有充足的信任，员工就会“用脚投票”。在一个紧俏的劳动力市场，坏的工人会赶走好的工人，这样一来情况会更糟。企业无疑总是需要对员工施加一定的控制，但目标是控制得越少越好——只要能够确保人们不违背规章制度即可。

□ 员工的反应

事实上，衡量企业文化对员工的正面或负面影响仍然是一个模糊的目标。大多数公司并不量化企业文化的效果。根据 Proudfoot PLC 的顾问在 1996 年对澳大利亚、加拿大、法国、德国、荷兰、英国、美国的企业家们进行的调研，发现仅有 38%的公司表明曾衡量过它们努力改变企业文化所产生的效果。然而，86%的公司宣称它们的文化转变计划是成功的。采用的衡量方法包括对雇员的调查（最常见的做法）、开会、私下调查、非正式的反馈。尽管还不能度量企业文化产生的影响，但超过半数（52%）被调查的企业家认为，企业文化对公司的成功贡献很大。他们只是不能确定这种影响究竟有多大。

□ 对成功的看法

每个企业的主要目标都是成功。但是你如何定义成功无疑会影响到企业的架构以及企业的文化。同样，民族文化和当地社会对企业有着怎样的期待会影响到企业如何看待成功。沃思林全球监测咨询公司调查了 13 个国家的消费者是如何看待什么样的企业才算是成功的，大多数消费者把公司生产最佳产品和服务定义为成功（体现企业自身文化）。然而在日本，最明显的标志是对社会和环境需求的兼顾——该文化强调的是团体而不是个人。在意大利，如果一家公司的经营、管理都很好，那就被看作成功。在墨西哥，一家企业有稳定利润就是成功。从这些回答中你会看到树立一套可以越过国界传播到各国分公司，使企业的产品满足不同国家消费者的多种需求的文化是多么困难的一件事。

理想的企业文化

我们无法准确地描述出对于一家国际化的企业来说，什么样的企业文化才是理想的选择。这在很大程度上取决于企业所在的国家、行业以及基本的文化构件，但有一些基本特征还是一致的：

● 任何文化都需要激发员工的责任感。

● 能够适应不同的文化，如果它太类似于总部的文化，员工不会接受它。

● 采取当地的思维方式，但在执行时要有一致性。虽然灵活性很重要，但在不同文化中必须有一个一以贯之的原则。

● 它必须与国际市场竞争要求相一致，并能够随机应变地适应新的市场条件。

企业公民的概念

在商言商这种说法可能在几年前是对的，但在当今全球化的时代，它绝对是错误的。传统的经济观点将企业的职责界定为创造利润、提高生产力。这种观点的错误之处就在于它没有将企业的行为和企业所处的社会环境两者之间的关系纳入考虑之中。它忽略了“企业公民”的概念。这个概念被定义为企业对雇员、股东、顾客、供货商的职责。企业在哪里经商、在哪里服务市场，就应该对哪里负责。企业必须遵纪守法、遵守规章制度，并且要接受企业所在地的商务惯例等。企业公民的核心是与当地社区建立关系。具体说来就是，关注对企业从事经营、计划从事经营或者是出于生意上的考虑需要进入的地区至关重要的方方面面的事务。商业活动植根于它们所服务的社区。企业公民不仅出现在在合同上签字的那一刻，还应该时刻不忘地兼顾企业和公众的利益。

警示☞

有意思的是，联合国前任秘书长科菲·安南在1999年曾公开呼吁企业要建立自己的行为准则。他进一步强调：“在这方面，社会与政府已经走在了企业的前面。”

□ 企业公民的层次

企业在经营发展过程中扮演的企业公民角色可以分为四个层次。企业参与社会的水平常常取决于某种特定文化对其的期望值。例如，在日本，政府长久以来一直是社会发展的资金来源，所以日本的公司不可能很深地涉足企业公民问题，因为日本人民不期待商业部门这么做。欧洲在某种程度上也是如此。

然而在美国恰恰相反，美国人高度期望企业可以融入当地社区，结果是美国的企业在更高水平上扮演起企业公民的角色。然而，在全球化的时代，在美国寻找生意的外国公司发现自己的公司在发挥企业公民的作用方面做得不好，所以这些公司在美国会受到批评。

研究人员将企业公民划分为四个层次：

- **共同的利益。**出于道德和责任感，企业会更多地涉足更广泛的项目之中，仅仅因为企业致力于推崇实现“共同利益”。
- **扩张的自身利益。**为诸如教育和培训等符合公司的长远利益、有利于企业获得成功的项目提供支持。例如，一家计算机软件公司为一所大学的计算机工程系提供奖学金，希望将来这所大学能为该公司提供计算机软硬件方面的工程师。
- **眼前利益。**为善者诸事顺。这方面的例子就是那些参与事业关联营销（caused-related marketing）工作的企业。例如，英国的美体小铺（The Body Shop）就是这类公司，它支持环保行动，并利用这样的机会来促销自己的产品。
- **纯粹的自身利益。**这类企业只是简单地为了生存而遵纪守法。

主流企业公民

美国波士顿大学企业—社区关系研究中心的一项研究表明，企业公民这个身份越来越多地被看作公司战略计划的一部分。研究表明，67%的美国跨国公司的负责人说，他们公司的战略计划中包括了如何处理与社区的关系这个问题；73%的负责人说，他们的社区关系项目有书面政策或任务声明；56%的负责人说，他们制订了社区关系战略计划；85%的公司负责人说他们的公司提倡将现场管理纳入社区活动中，有23%的人则声称他们的公司要求将现场管理考虑进来。17%的公司在评估现场经理的业绩时，会将社区参与度作为一个考核指标。

因此，企业公民这个身份对企业员工肯定是有影响的。在美国，根据1996年全球伦理学院的调查，55%的消费者认为他们在选购产品和服务时，会考虑这家公司的伦理道德和价值观。很显然，声誉决定消费者是与某个企业建立并保持关系还是转投其竞争对手的怀抱。通过做一个合格的企业公民，可以树立企业的形象，是企业抢占市场份额、实现经济及社会利益的重要途径。

警示☞

很多新兴市场经济体坚持要求外国企业必须对当地社会作出一些贡献，才能换来进入该市场的机会。这些贡献包括从提供培训项目、修建校舍到与企业原始业务毫无关系的重要基础设施的改善等。

第 15 章 商务伦理

伦理仅存在于商务教科书的序言之中。

——彼得·德鲁克

在过去 20 年中，商务伦理只是商学院的一门课程，是学术界争论的话题，它对现实中的国际商界几乎没有任何影响。在实际生活中，主导态度是只要能成交，使用什么手段都可以。但是，随着大型跨国公司的增多，越来越精明、社会意识越来越强的消费者已经把这一概念从学术领域带入了现实社会实践中。与商务伦理一起，在国际商务中，腐败、贿赂等问题也逐渐在彼此依赖性越来越强的世界经济中浮出水面。这已经不仅仅被看作道德问题了，今天，腐败和贿赂阻碍了正常竞争，扭曲了贸易，伤害了消费者、税务人员和政府的利益。因此，企业把商务伦理看作一个涉及自身利益的问题，而不是一个无关紧要的问题。人们逐渐认识到伦理会影响企业的盈利或亏损，这意味着这个问题将会比以往受到更多的关注。

同一个世界，同一种理念？

问题是商业全球化的速度要比形成全球普遍认可的行为和道德标准的框架的速度快得多。企业只是最近才开始了解到在进入有利可图的新市场的同时，它们还必须将社会的需要纳入考虑中。尽管还没有形成全球性的道德和行为标准，但是，总部设在巴黎的国际商会和美国商务部还是给出了一些建议。另外，不同文化的企业和消费者所珍视的东西有趋同的趋势。例如，尽管各国的价值观和文化不同，人们普遍接受的一点是，良好的信誉是企业从事国际商务活动的一大优势。

不可回避的一个事实是，在所有文化中，腐败都是非法和违规的行为。世界上没有任何政府的政客或公共部门的官员敢于不顾法律的约束而收受贿赂或挥霍资源。因此，我们自然可以得出结论，既然腐败是见不得光的，那么国际商务越透明——在全球范围内国际商务的透明度越快地达成一个统一标准——我们就越有可能战胜腐败和贿赂。市场将更有效地朝着对每个人——当然，除了那些过去的受贿者——都有利的方向运作。未来，各公司在全球市场上将凭借自己的声誉来树立形象。

警示☞

读者应该注意的一点是，并不是所有文化对“腐败”的定义都是一样的。对透明度也不是以同样方式规定的，那些认为透明度影响了自己的隐私权、破坏了等级哲学的人，并不赞同增强商务活动的“透明度”这个理念。

企业的道德准则

要想有效地参与竞争，跨国公司就必须保证它们的道德准则和行为准则在所有雇员面前都是一致的。这说起来容易做起来难。在遥远的异国他乡，当地的管理者常常对其公司的价值观和道德准则赋予不同的解释。在有些情况下，这可能是件危险的事，会导致言行的不一致，进而损害企业在全球的声誉，并且会让自己的雇员感到困惑。防止类似事件发生的办法是加强交流，即从总部派遣经理人员去世界各地的分公司工作并推广企业的道德准则，同时为员工在世界范围内选择工作场所，这样他们就会明白企业的道德准则的确是全球统一的，在执行过程中按照自己的意愿加以解释的余地非常小。

尽管"一致性"被认为是企业成功地在全球范围内推行自己的道德准则的重要前提，一些公司仍然会要求管理人员具体问题具体分析。某些情况下需要灵活地应用道德准则，至于怎样灵活运用，也是可以教授的。当意大利依维柯公司进入中国市场时，作为培训计划的一部分，当地的经理人员被派往意大利，除了学习一些基本的管理技能外，他们还被灌输了一套新的适合在中国应用的道德准则。

□ 文化冲突保险

把行为和道德准则从一种文化移植到另一种文化的努力——在全球化时代的今天已变得很平常了——也面临一系列特殊的挑战。巴黎的欧洲管理学院在自己的刊物《趋势》(*Trend*)的一篇文章中引用了一个非常有意思的实例：日本制造和贸易公司——松下电器集团(Panasonic 是松下旗下最有名的企业品牌)企图向公司的法籍员工灌输其"基本管理目标"和"七项原则"——该公司的企业哲学和基本行为准则。

管理层所面临的挑战是把这些以日本文化、团体利益高于个人利益的指导思想为基础的准则，转换成与不是那么看重集体主义的法国文化有关的一些东西。正像你们将要看到的，松下电器集团的基本管理目标强调集体利益，七项原则则试图打造日本式的雇员/雇主关系，这与法国模式有着本质的不同。在法国，工会是建立在行业基础上的，而不是像日本那样，以单个企业为基础。

松下电器集团的基本管理目标

要认识到我们作为实业家应该承担的职责。我们致力于社会的发展和进步，并且通过我们的商务活动提升集体福利，最终促进各国人民生活质量的提高。

七项原则

1. 对社会的贡献。我们应依照企业基本管理目标，忠诚地履行我们作为实业家对所处的社区应该尽到的职责。

2. 公平和诚信。我们不管是在生意往来还是在个人交往中都要注重公平和诚信。不管我们多么有才华、多么有学识，如果不够正直，我们就既无法赢得别人的尊敬，也不能增进我们的自尊感。

3. 合作和团队精神。我们要集中所有人的才能完成共同目标，无论我们个人多么有才华，如果没有合作和团队精神，我们的公司就有名无实。

4. 以不懈的努力不断改进。我们将不断提高我们的能力，通过商务活动为社会作贡献。只有通过不懈的努力才能达到我们的基本管理目标，最终实现长久的和平与繁荣。

5. 礼貌和谦卑。真诚和谦虚是永远都不能丢弃的品质，要尊重别人的权利和需要，以巩固健康的社会关系，改善当地人们的生活质量。

6. 适应性强。我们将不断地使自己的思想和行为适应我们周围不断变化的环境，与大自然和谐共处，通过我们的努力实现进步和发展。

7. 感恩。对于我们得到的一切，要怀着一颗感恩的心，并且相信这样做会给我们带来无尽的喜悦和活力，帮助我们克服所面临的障碍。

□ 转化和传播

很容易就可以看出，尽管这七项原则对日本工人是讲得通的，但要让该公司从不曾接受过儒家教育的法国工人理解这些原则就非常困难了。第一个问题是克服把这七项原则由日文翻译成法文遇到的困难。照原文逐字逐句地翻译可能不会奏效，因为许多寓言翻译后是体现不出来的，而且日本的一些思想意识形态的出处也译不出来。有鉴于此，松下集团用法语制定了一套“七项原则”，这不是翻译过来的日语版的七项原则，而是将原来的意思和指导思想进行凝练并且放在一个法国工人能够理解的更加国际化的语境中进行表达。

为了执行这些准则，所有工人被组织起来开研讨会，学习企业的哲学和一些真实的来自法国工厂的例证，以了解这些准则的实际应用情况。法国工人还要学习理解法国分公司的日本经理那套企业至上的理念，此外公司还鼓励法国工人对这几条原则进行争论，其目的是让法国工人真正接纳这些远道而来的“外国”价值观。松下集团的这个努力取得成功的关键是法方和日方的管理者无不身体力行，向员工展示了在日常行为中应该如何体现这些价值观。最终，这七项原则不是昙花一现，而是真正成为全体雇员日常工作的一部分。

□ 使之书面化

尽管大家都在谈论商业伦理的重要性，但是一些研究表明，至少在美国以外的其他国家和地区，很少有企业有书面的行为和道德准则。例如，在澳大利亚，71%的公司没有书面的规则；在日本，这个数字是70%；即便是在德国、法国和英国，这一数字也仍然在60%以下（尽管和美国相比，这些国家的企业中将行为准则书面化的比例仍然很低，但是与1984年的情况相比，这类企业所占的比例已经增加了将近20%）。

然而，即使是那些将行为准则书面化了的大型跨国公司，也很少愿意花费时间和精力来保证可以在所有国家都执行这一准则。结果是，除了总部之外，几乎没有人关心这些准则。但是，当前市场迫切需要用一些消费者认为可以对企业运营产生实际影响的准则来取代那种认为行为准则无关紧要、可有可无的看法。

打击贿赂和腐败

人们一度普遍认为行贿和腐败是世界文化特别是发展中国家文化的一部分，但是现在这种看法已经有了转变。在现实生活中，一个文化中如果处处充斥着不诚实，没有道德准则，一定会给它自己造成彻底的伤害。尽管毫无疑问腐败问题在新兴市场中更加常见，但是其背后的根本原因不是经济方面的，而是文化方面的。

现在，人们对全球商务中的贿赂和腐败的起因的看法有了根本性转变。政府和企业现在已认识到这个问题有两个方面：需求方面的，即接受或索取贿赂的官员；供给方面的，即为了赢得商业机会而行贿的跨国公司，它们的总部大多位于北美、欧洲和亚洲的富裕发达国家。要想消除腐败，必须同时从供给和需求两个方面着手治理。

□ 树立坚强的意志

打击国际商务中的行贿、受贿行为有两个要点。首先，国家和企业已经认识到，打击贿赂和腐败不再仅仅是道德问题，而是利益问题。其次，消除贿赂和腐败最快的方法不是针对需求方，而是针对供给方，应追究那些因为向官员们行贿而助长了腐败风气的公司或者国家的责任。1977 年，美国通过《反海外贿赂法》规定，为了赢得商业机会向海外官员行贿属于违法行为，在打击腐败方面走在了各国的前面。但只是近些年来，美国才真正推动工业化国家同意在全球范围内打击行贿、受贿行为——其中很多国家允许公司将用于行贿的支出作为税收减免项目冲抵。

尽管所有国家都有禁止自己国家官员受贿的法律，但只有美国、瑞典有法律禁止公民向外国政府官员行贿。美国这样做并不完全出于道德因素。在 20 世纪 70 年代，美国证券交易委员会指出，有 400 家公司承认在过去 10 年间曾有非法支出，金额多达 3.3亿美元，全部用于贿赂外国政府和政客。据美国商务部估计，1994—1996 年，美国公司因为竞争对手的行贿行为，在海外的合同额减少了大约 110 亿美元。在出口竞争方面，连商务部都承认行贿起着关键作用，行贿的公司大约赢得了80%的合同。

文化警告☞

即使是法律如此严格的美国，也允许其公民支付“方便费”，即支付给外国官员从而使这些官员履行他们应尽职责的额外费用。

再次瞄准

现在，各国一致同意腐败的经济成本是确实存在的：最近的一项研究表明，腐败水平与一国获得的外国直接投资额直接相关；腐败水平越高，获得的外国直接投资数额越少。研究者认为，贿赂会导致资源的错配。有时，公共部门的官员会因为收受了贿赂而支持一些不必要的项目。腐败还会导致政府试图提升全国整体财富水平的努力遭遇失败，同时还会导致一个不民主的政府上台执政。

得益于美国的努力，经济合作与发展组织和联合国都开始了努力消除国际商务活动中的贿赂和腐败行为的尝试。联合国打击的焦点是为非法毒品交易洗钱的行为，这被看作许多国家腐败横生的根源。（据联合国统计，非法毒品交易的收入每年大约为4 000亿美元，几乎是合法的医药行业收入的两倍。）经济合作与发展组织还拟订了《打击对外国公共部门官员进行贿赂的公约》（简称《公约》），要求签约国将行贿认定为犯罪行为，而不管行贿发生在哪里。《公约》不仅将在全球范围内打击“供给方”的行贿行为，而且可以替政府从需求方面——要求发展中国家和处于经济转型时期的中东欧国家在本土采取反腐败措施——增强打击腐败的信心和动力。

第 16 章 跨文化的团队

人是我们最宝贵的资本。

——斯大林

国际商务活动的蓬勃发展以及跨国公司的涌现催生了一个新兴的企业经理群体——国际跨文化经理人。他们在跨文化管理方面充满自信，不再使用美国、德国、英国或者日本的管理技术来激励一个跨文化的团队取得优异的表现。相反，他们掌握了一套新的管理技术——应用这套技术，可以对由不同国家的人组成的跨国团队进行管理，而不用理会团队成员最初信仰的是什么文化。这套技术还可以被应用到世界各地。走向世界、国际行动、重新为工厂或办公地点选址、打响跨文化营销战役等是这些新生的跨文化经理人所追求的目标。为了赢得胜利，他们已经学会了如何来管理由不同国籍、不同文化的成员组成的团队。此外，这些经理人对国际竞争的基本要素了然于胸，花费了大量的时间去学习世界各地的文化、政治以及运转模式。

一种经济，多种文化

或许世界上没有什么地方比欧洲更需要——以及更缺少——有经验的跨文化经理人了。欧洲单一货币欧元的出现、欧洲大陆的各种文化进一步融合成单

一的商务文化、标准化的交易规则的形成以及对透明度的需要，促使许多欧洲公司制定了泛欧洲战略，以便对其散布在欧洲大陆各处的业务进行管理。出于各种原因，这种泛欧洲管理模式已经取代了过去以国家为单位的企业结构。我们并不会感到奇怪的是，美国的跨国公司在制定有效的泛欧洲运营的企业结构和战略方面，远远领先于欧洲企业。

美国企业远远早于欧洲同行首先认识到了低成本、高效率、始终一致的产品和服务，以及超越自我民族主义的国际经理人的优势。现在，困扰美国及欧洲跨国公司的问题是缺乏既掌握了必要的语言技能，又具有组建和有效管理跨文化团队的能力以及泛欧洲思想意识的经理人。

国际化的思想意识

面对商业上的挑战，职业的国际经理人不再只基于某一种文化进行思考，而是采取国际化的视角。什么是国际化的思想意识？具体说来包括：

●从不满足于一件事情一种解释。国际经理人知道人的感知是有差别的，来自不同文化的两个人不会对一种情况有完全一致的看法。

●接受生活是各种相互矛盾的力量平衡的结果。

●注重管理冲突而不是解决冲突。每种文化都有解决冲突的方法，但是可能没有办法采用一种方法来令人满意地解决一个跨文化团队所面临的冲突。国际经理人必须清醒地认识到这一点，从而及时制止冲突，足智多谋地解决冲突。

●在应对意外事件时要相信程序而不是结构。国际经理人懂得有效的程序要比结构更有力，它是组织具有适应能力的关键。

●坚信组建跨文化团队是实现个人目标、职业目标和组织目标的基础。

●把变化看作一种机会，习惯不确定性。

●在管理风格方面，要强调实效，要求同存异。

国际化的团队，国际化的挑战

在一个由来自世界各地的人组成的团队中工作，会遇到许多在同一城市、甚至在同一办公室里工作不会碰到的问题。具体说来包括：

●在不同时区工作。

●没有机会感受非语言交流的美妙；体现真正意图或态度的一些线索或者提示没有发挥作用的空间。

●没有与其他团队成员直接接触的机会，很难建立起有助于克服文化差异、让大家更加团结一致的人际关系。

●需要协调或缩小文化差异，如大家对时间、目标和决策过程的态度。

当跨文化团队的成员在某个地点一起工作时，他们总会根据任务的性质、成员的国籍、团队的组织结构以及团队负责人的能力和态度，创造他们自己的次文化。实际上，工作团队会形成自己的特性——有时是令人愉快的，有时也会因管理不当而产生令人恼火的氛围。

跨文化团队的发展与演变

当跨文化成员在一起工作时，他们不可避免地会以下面四种方式之一凝聚在一起（或者在某些情况下，彼此疏离）：

1. 一体化。团队成员认识到每种文化都有其长处。团队将取各种文化的长处并把它们融为一体，成为团队的个性，反映出团队成员的多样性。在一个理想的世界中，所有跨国团队都将以这种方式演变。不幸的是，它们并不总是这样的。但是，一个一体化的团队绝对是一个表现卓越的团队。

2. 同化。在这种情况下，少数自愿服从多数，采用多数人的文化。尽管这样一来可以避免许多跨文化团队固有的冲突，但是无法充分发挥文化多样性的优势，也就违背了组建跨文化团队的初衷。

3. 分裂。分裂的出现往往是由于少数人与多数人的文化保持一定的距离。在这种情况下，团队永远不会真正团结在一起，冲突是不可避免的。文化多样性带来的潜在优势自然也就消失了。

4. 边缘化。这是最糟糕的结果。当团队中文化占多数的人采取“要么支持我们，要么就是和我们作对”的态度，强迫那些文化占少数的人放弃他们习惯的做事方式时，就会出现边缘化的情况。显然，少数人对那些文化占多数的人心有怨恨，整个团队会因此而无法运转，生产力出现下降，不管是文化占多数的人还是文化占少数的人都会因为对方的存在而感到不舒服。

警示☞

“差异”（diversity）一词被用在工作场合首先在美国流行开来，用来描述文化属性和每个工人的贡献。它既可以作为贬义词也可以作为褒义词。大多数人倾向于看轻差异的影响，而少数人则用这一术语来挖苦别人。这是一个强有力的文化术语，但仅用于工作评价方面。

所有的团队都能成功吗？

研究和传统智慧都证明，关于如何组建和管理一支高效的团队，已经形成一些大家一致认可的基本要点。顾问们写了无数宣扬这些管理要点的著作和论文。以下是丽贝卡·普罗尔博士（Dr. Rebecca Proehl）对团队管理所做的研究总结：

- **参与式领导。**并不是所有文化都赞赏这种领导风格。许多文化（拉丁美洲以及很多亚洲国家）更喜欢等级制的领导风格——领导会全面负责团队的决策。他们期望领导无所不知、完全负责。同时，也有文化期望领导参与，但更偏爱团队参与，而不是一个领导说了算。因此，如果一个跨文化团队真的呈现出文化多样化，那么单一的领导方式就不会有效。解决这一难题的一个建议是：明细团队的任务，用不同的领导方式来完成它们。

- **顺畅的交流。**因为不同文化间的交流方式有很多种，所以定义什么是顺畅的交流会让人难以理解。来自低调文化如德国、美国等国的团队成员总是期待顺畅的、准确的、直接的、细节性的交流；然而来自高调文化如沙特阿拉伯、巴西和日本等国的人把顺畅的交流定义为间接的、充满非言语方式的交流。解决这一进退两难的难题的最佳方式是在一开始就对团队说明顺畅的交流在这一团队的含义是什么，它将很可能意味着双方都需要妥协，来自低调文化的交流者变得缓和一些，而来自高调文化的团队成员变得少一些敏感性，多一些直接性。

- **愿意应对冲突。**这往往意味着把冲突公开化。不同的文化看待和解决冲突的方法不同。低调文化倾向于直面冲突，而来自高调文化的人对以直接方式对付冲突感到尴尬和困惑。一个策略是：在不同的情况下，依照各团队成员的文化背景构成情况采用不同的策略。另一个选择是引进中间性策略解决冲突。

● **明确的目标。**任务驱动型的团队成员对适当的目标有不同的看法。与来自关系驱动型文化的人相比，他们希望在更短的时间内取得成功。后者看待时间不太急切、不太紧迫，而且采取一种长远的观点看待成功。对一个只能基于一种视角选择一套目标的经理来说，面临着疏远团队其他成员的风险。解决这一难题的办法是，将短期任务驱动型目标与在更长、不那么紧张的时间内要达成的目标结合在一起。

● **良好的协调和组织。**这往往被解释为对团队中每个人在工作中扮演的角色、每个人的职责有一个更为明确的描述，这将使来自各种文化如澳大利亚和美国的团队成员们很好地工作。然而，这样的做法会遭到来自更推崇集体主义的文化的人的抵触——比如中国和日本。在这种文化中，人们认为团队的福利是相当重要的，强调个人对社会或者团队的归属感，突出某个人会受到强烈的谴责。唯一的解决方法是认真看待团队的构成情况，把另外一种文化的观点也考虑在内。

● **一致的决策。**决策过程会受到一种文化接近权力的方式以及个人主义的影响。在像中东地区这样远权力距离的文化中，制定决策时不会咨询工人们的意见，而在近权力距离的文化中，决策时咨询工人们的意见是必要的。不要假设所有员工都认为决策过程应该是集体智慧的结果，根据团队文化的构成情况决定采用哪种决策制定方式。

跨文化团队的建立

与将来自同质文化的人组织在一起相比，在组建一个跨文化团队时，要少一些教条，多一些灵活性。以下是组建跨文化团队时有参考价值的三个基本规律：

1. 认清在本团队内文化差异的本质和含义。
2. 打下关于让人们意识到并且理解文化差异以及管理这些差异的基础。
3. 形成一个如何组建高效团队的模式和框架，并且将文化差异考虑进来。

□ 团队的关注点

作为跨文化团队的经理，可以预见你的下属们会有一些疑问或焦虑需要你来解答。他们至少会提出以下三个问题：

1. 跨职能、跨文化的团队工作会对他们及他们的工作、地位产生怎样的影响？

2. 如何对他们进行补偿？

3. 如何对他们进行奖励或表达对他们的认可？

国内的挑战

欧洲工人的跨国界流动、大量的移民涌入美国，使得跨文化管理技巧不仅对国际项目至关重要，也对国内企业运营很重要。德国的经理发现自己负责管理的大多数员工是土耳其人和越南劳动力。一位加拿大经理可能发现自己正主管着全是印度软件工程师的部门。一位澳大利亚领班可能会发现汉语是自己所在工厂的主要语言。

另一个例子是惠而浦在纳什维尔工厂的穆斯林工人要求每天腾出时间来祈祷（虔诚的穆斯林教徒每天要祈祷五次）。另一个有待商榷的问题是，是否可以穿着那种宽松的传统伊斯兰风格的服饰在流水线旁工作。美国—伊斯兰关系委员会说，随着越来越多的伊斯兰移民来到美国并且就业，工作上的冲突事件越来越多。该委员会 60%的时间都被用来解决工作纠纷了。显然，并不是只在执行国际任务时才需要跨文化经理人。

国际化领导者危机

对国际化团队建设越来越重视带来了对商业领导者的更大需求。到目前为止，企业界未能培养足够多的国际化领导者来满足它们的需求，最终导致所谓的国际化领导者危机。美国一家商业研究组织——会议委员会（Conference Board）——面向全球所做的调研发现，只有 8%的跨国公司的首席执行官和高级管理层的领导水平被评估为优秀。艾伦·莫里森（Allen Morrison）顾问进行的另一项研究发现，75%的跨国公司的执行官承认他们公司确实没有足够的可以满足需要的国际化领导者。然而，实际上这些公司中只有不到 8%有适当的国际化领导者培养计划。

在商务活动中，领导者的角色至关重要。英国的沃森·怀亚特咨询公司通过对高级商务执行官进行调查发现，在英国，80%的被调查者认为领导水平很差是导致企业失败的主要原因。在欧洲大陆，有 67%的执行官持这样的观点。

培养国际化领导者

你经常会看到类似于“天生的领导”和“负责型的人”的说法，似乎这是那些有领导基因的人的传奇品质。实际上，领导者不是与生俱来的，他们是培养出来的。通过详细的培训计划、创造获得各个方面经验的机会是能够培养出领导者的。这种做法同样适用于培养国际化的领导者。也许，最关键的一点是，如果企业希望在全球范围内保持竞争力，它的培养计划必须从最初级的层次开始。今天，在跨国公司中最常见的领导培养方法有：

- **创建国际化管理团队。**这既向成功的国内经理人提供了挑战和义务，同时也向他们提出了掌握一套全新的管理技能的需求。成功的国内经理不一定会成为成功的国际经理人。
- **将本国人作为潜在的国际领导者候选人。**有些企业从国外市场寻找领导候选人，希望借此拓宽潜在领导人的来源。真正的国际化公司在选拔领导人才时，没有文化和民族的偏见。
- **向国际任务转换。**这要求潜在的领导人要适应各种习俗、文化和市场类型。
- **明确的国际化职业道路规划。**以前，企业在国内和国外的分支机构常常被看作不同的公司。出国工作被认为是一种嘉奖，但回来后常常面临职位停滞的危险，没什么更多的事要干。现在情况已经发生了变化。企业为领导者设计了一个职业发展规划，其中海外经历是基本要求。这样一来，那些一直待在国内的人的职业生涯就不会那么顺利。
- **引入跨文化培训计划。**这样做可以强化在海外学到的东西，为不同文化之间建立起一座桥梁。

全球领导能力的效果

衡量某位领导者的能力的标准是其业绩还是其个人魅力？企业认为，传统的考核领导者能力的标准过于看重领导者个人的魅力，对领导者真正要实现的目标——团队的成功——关注度不够。现在主流的看法是，整个团队才是更重要的。会议委员会的一项调查发现，64%的现代企业用团队业绩来衡量领导者的能力。

领导力小提示

有 10 种基本管理行为可以帮助我们判断一个企业领导者是优秀的还是平庸的。一个成功的国际化领导者应能：

1. 提出明确的目标；
2. 组建团队；
3. 实现团队目标；
4. 提升个人和团队的业绩；
5. 作出最艰难的决定；
6. 赢得雇员/团队的支持；
7. 激发热情和自豪感；
8. 使团队成员感到自己很重要；
9. 从错误中吸取经验教训；
10. 有效地利用他人的创意。

第 17 章 跨文化营销

不起眼的机会经常是伟大事业的开始。

——德摩斯梯尼

跨文化营销是跨文化交流最初的也是最重要的环节。回忆一下罗马帝国公民们的经历——第一个诞生在商店里的早期文明。商人们通过在商店的上面做一个大标签，上面画着店内所售卖的东西，解决了当时的跨文化营销难题。这不仅为罗马本国的文盲提供了服务，而且也帮助商人们把商业信息传递给被罗马人打败的讲非拉丁语的社会。继续向前追溯，我们会发现由古希腊哲学家亚里士多德在 2350 年前提出的那些颇具说服力的基本原则，仍然可以应用到今天的产品销售过程中，就像它们能够应用于古希腊的公开辩论中一样。很明显，交流是现代营销的基础。

与消费者交流

毫无疑问，全球营销的时代已经到来。国际贸易在美国国民生产总值中所占的比例已经在过去 25 年间从 5%增长到了 20%。全球广告支出在 1998 年前所未有地达到了 4 000 亿美元。仅在美国，希望获得全球市场调研信息的公司的数量就在一路飙升。这种调研是进行国际营销需要迈出的第一步。

据美国营销协会的杂志《营销消息》(*Marketing News*)报道，1998年美国排名前50位的调研公司中有32家宣称它们的海外业务盈利了。这个数字是1989年公布海外业务收入的企业数的3倍多。在这50家公司中，有21亿美元或者说41%的收入来源于海外的子公司和美国以外的项目，而1989年这一数字只有30.5%。

为什么要走向全球?

对这个问题最简单的回答是由于通信技术的改进。从全球卫星到传真机，再到互联网，已经使得管理全球业务比以往任何时候都更容易。距离曾经是向海外扩张的最大障碍，现在已不成为问题。实际上，如果你拥有一家总部设在巴黎的公司，和北京的商业伙伴洽谈一笔业务并不比和里昂的商业伙伴洽谈业务更复杂。

除了交流越来越便捷之外，跨国公司所在国家或者地区的市场已经非常“拥挤”了。由于担心业务出现停滞，这些企业纷纷走向世界寻求发展的机会。由于其他公司也这样做，激烈的竞争已迫使那些最反对跨国企业的人也开始寻求增长方式的转换。仅仅依赖国内市场对于中等规模的公司来说是死亡的“处方”，更不用提大公司了。

变动不居的消费者

国民财富的不断增长催生出一群变动不居的消费者，他们之间尽管有很深的文化差异，但是它们之间的共同之处超出了大部分人的想象。除了距离问题之外，媒体的全球化以及像美国有限新闻网(CNN)和英国星空卫视(Sky Channel)这类广播机构的触角的延伸已经使信息全球化了。美国的《时代》(*Time*)和《时尚》(*Vogue*)、英国的《经济学家》(*Economist*)、德国的《布林达时装》(*Burda Moden*)、法国的《巴黎竞赛》画报(*Paris Match*)等杂志都在扮演促进文化趋于一致的角色。

世界各国的人们找到了新的接触英雄、音乐、产品、时尚和消费等信息的途径。这一途径对消除文化障碍起到了作用。那些以前完全自我封闭的社会，现在也认识了拉尔夫·劳伦、迪奥、米老鼠、皮尔·卡丹和迈克尔·乔丹。即便曾经是社会主义的最忠实的拥护者也得意地炫耀自己在其他某个国家吃了麦当劳。

显然，更加接近消费者是走向世界带来的收益，但这并不是唯一的收益。那些开展过国际营销活动的企业对于竞争会有更深刻的理解。它们甚至可能会发掘出一些可以在本国市场上发挥自身优势的新产品。

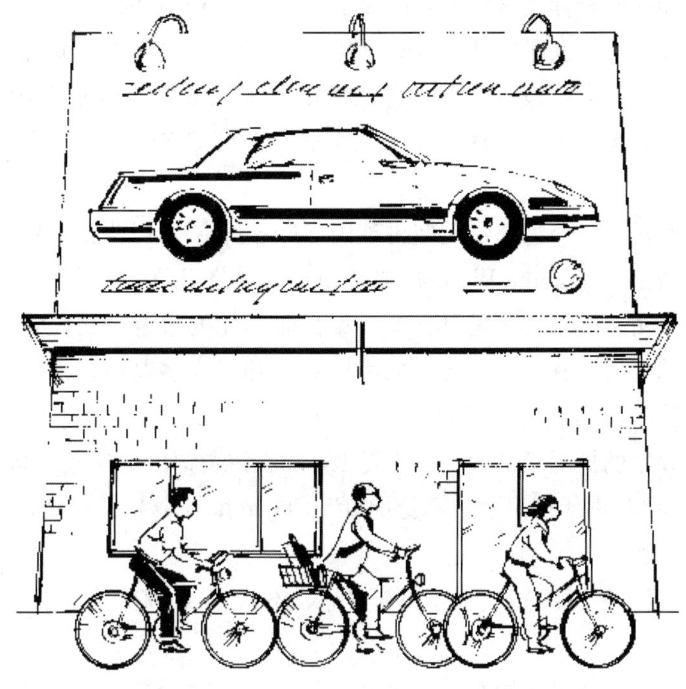

经典的失败案例

每年有多达 4 万种产品被引入全球市场（一半以上是进入美国市场）。这些产品中大约 85％都失败了。国际营销的成功之路是建立在错误营销和失败的广告战役之上的。它们中的大多数失败是跨文化交流过程中出现误解引起的，其他则是由于营销部门中的某些人没有成功地做好市场调查。应该吸取的教训是：要做好准备。无论花多大的代价，都要把翻译成另一种文字的宣传语或广告词重新翻译成母语（至少两次），同时要小心那些习语。以下是一些营销和交流中常犯的错误。

□ 沟通不畅

● 伊莱克斯是斯堪的纳维亚的一家吸尘器制造商，它怎么也没想到在英国取得巨大成功的广告语却在美国遭到了挫败。“没有什么比伊莱克斯更能吸(suck)尘”，这句话在英国与在美国的效果有很大的不同。在美国，“suck”这个词的俚语意思是多虱的。

● 当通用汽车在南美引入 Chevy Nova 汽车时，很明显美国人没有意识到“no va”在西班牙语中的意思是“它不走”。当公司弄清楚一辆车也没卖出去的原因时，立即在西班牙地区将车名改成了 Caribe 或 Caribbean。

● 福特汽车公司也遇到过类似的问题，它的 Pinto 汽车在美国是畅销车——但在讲葡萄牙语的巴西没有什么影响。理由是，Pinto 在本地俚语中的意思是小男孩的生殖器。福特用尽方法摆脱了这个名字，用 Corcel（意思是马）代替了 Pinto。

● 在意大利，一个翻译错误使得英国 Schweppes 公司非常尴尬。在一次广告宣传中，奎宁水（Tonic Water）被 Schweppes 公司译成了冲厕所水。

● Kinki Nippon 旅游公司是日本一家行业领先的旅游公司，它发现在一次宣传推广活动之后，其美国、英国的办公室接到了许多电话，都是咨询性感之旅的。公司感到迷惑不解，因为它没有意识到“Kinki”（发音同 Kinky）在英语中带有不寻常的性活动的含义。于是 Kinki 在讲英语的国家改了名字。

● Coors 在西班牙打出了“不受拘束”（Turn it loose）的口号，译成西班牙语则是腹泻的意思。

● Puffs 卫生纸试图在欧洲介绍其产品，不料发现“Puff”在德语俚语中的意思是妓院。

● 当百事可乐公司开始在中国台湾推销其产品时，打出的口号是“百事可乐使你回归自然”（Pepsi Brings You Back to Life），如果按字面意思来译就是“百事可乐能把你的祖先从坟墓中带回来”——显然，营销口号不要太具体化。

● Hunt-Wesson 把新产品 Big John 介绍到讲法语的加拿大地区，起名为 Gros Jos，它没意识到这个短语在俚语中的意思是“大乳房”。

● 英国的高露洁公司将一款名为 Cue 的牙膏引入了法国，结果被人笑掉了大牙。它与某个臭名在外的色情杂志同名。

国际化的消费者

大多数市场调研都把焦点对准不同文化中消费者的不同之处，而不是共同之处。这是全球交流融合不同品味和喜好的关键前提。Roper Starch Worldwide——一家美国市场研究公司，调查了 35 个国家大约 35 000 位消费者，得出了全球消费者热点报告。该报告总结出，全球的消费者的共性多于差异，他们享有共同的态度、价值观和行为，打破了人们传统上所认为的文化界线。这项研究的目的是拓宽传统上按照国家、年龄和收入来划分消费者的研究方法。

这一报告把世界划分为六个跨越了文化界限的“全球价值组”，这六个组是：

1. 奋斗者。这是六个组中最大的一组，奋斗者占世界成年人口的23%。他们珍视对物质财富的占有，珍视地位，有雄心，喜欢权力。他们大多为中年人，更多的是男性，主要生活在发达国家及亚洲和太平洋沿岸的发展中国家。

2. 虔诚的人。他们占世界成年人口的22%，要比奋斗者们具有更为传统的价值观。他们珍视信念，对老人尊敬、服从，主要分布在亚洲、非洲、中东。作为消费者，他们会选择本地品牌而不是进口产品。

3. 利他主义者。利他主义者是界定非常模糊的一个群体，占世界成年人口的18%。他们受过良好的教育，对社会事业感兴趣，年纪大些，平均年龄为44岁，主要是女性。他们大多为拉丁美洲人、北美人和俄罗斯人。

4. 亲密无间的人。他们注重关系，与家庭、朋友、商务同事保持密切联系。他们占总人口的15%，大多生活在美国、英国和中欧国家。他们中有一半是媒体的消费者，特别是电视传媒。

5. 寻找娱乐的人。多为年轻人群体，占总人口的12%，他们寻找愉快、兴奋、喜欢打扮得漂漂亮亮。他们主要出现在酒吧、夜总会、饭店中，阅读电子媒介。这个群体最接近国际化的生活方式。

6. 有创造性的人。这是最小的一个群体，仅占10%，包括喜欢学习和科技的技术达人。他们高度依赖互联网，大多出现在高度发达的国家。

与错误观念做斗争

一个公认的事实是，世界各地的消费者要比几年前信息灵通得多。然而，国际化经营的企业仍需与无知和不合逻辑的文化迷信做斗争，在新兴发展中市场更是如此。例如，在乌兹别克斯坦，芭比娃娃当然被看作地地道道的美国产品——乌兹别克人很早就知道这件事情。但是，芭比娃娃的美国制造商美泰公司发现乌兹别克人不喜欢芭比娃娃，这不是因为他们不喜欢芭比娃娃那值得“为之而死”的美貌，而是因为娃娃上印有“香港制造”。乌兹别克人认为那是些便宜的假货而不是真品。德国制药商赫斯特公司在乌兹别克斯坦销售抗菌素时，也碰到了类似的情况。当地消费者认为包装上印有乌兹别克语的药物不及印有德国字样的药物效果好。

给国际营销商的小提示

很明显，营销活动中最大的障碍是语言。许多准备走向世界的公司认为，英语仍然可以作为国际通用语言，虽然对于高级执行官和大的跨国企业来说，这一点还是行得通的，但在零售领域已经不是这么回事了。用当地语言为消费者介绍产品可以为企业带来很大的收益。美国的直销商如 Lands End、Eddie Bauer 和 William-Sonoma，给日本的消费者寄日语产品目录。当 Patagonia 公司将英语产品目录改为日文目录后，在日本，它的年销量增幅高达 98%，而用英语编制目录时这一数字仅为 20%。

□ 何时走向世界

要想在国际营销中取得成功，一个人要具备应对文化差异的经验。他必须认识到不同文化的人的交流风格和处理信息的方法有很大的不同，行为、价值观和观念也是如此。以下是成功地开展国际营销活动的基本步骤。

- 首先，决定你为什么需要到海外市场进行营销。
- 一旦你决定为什么要到国际市场上营销后，决定你要去哪个市场，观察一下你的产品在特殊地区销售的可能性。
- 识别对你的产品的潜在需求，记住有些产品不适合，主要是由于文化、生活方式或偏好方面的原因。
- 要认清当地的竞争情况。强有力的本地竞争者在你还没来得急立足之前，就已经消除了你销售产品的机会。
- 消除思维逻辑的路障，让产品进入消费者手中。
- 制定一个完备的策略，从详尽的市场调研开始，既要使用一手的，也要使用二手的信息来源。随着营销进程不断完善你的战略就能战胜所遇到的困难。
- 当引入一种新产品时，要在开始大规模销售之前挨个国家进行测试。这能帮助你识别潜在的问题，如语言、包装等，同时这样做还能告诉你潜在市场的容量以及市场对产品的反应等信息。这将使你有机会在发起大规模销售攻势之前去修补一些细节。

警示☞

许多国家——从像法国这样的发达国家到新兴市场经济国家越南——都对广告和用外语表达的内容，以及包装设计和材料的循环使用有着严格的法律规定。必须确保自己的营销计划能达到当地法律的要求，否则你可能会受到严厉的处罚。

□ 调研是关键

因为文化和习俗的制约，可能很难进行国际市场调研。例如，在伊斯兰国家，把妇女和男人同等看待是不恰当的，这就好比是在日本和拉丁美洲将不同阶级混淆在一起处理一样。某些政治或私人问题可能在一个国家是合理的，而在另一个国家则不合理。法律和隐私问题也会依国家的不同而有所变化。在法国，当 18 岁以下的孩子受调查时，家长要在场。根据德国保护个人隐私的相关法律，不能给被调查的团队或个人录像。各个国家——甚至各个城市——都对通过直接发送邮件进行营销调研的做法作出了规定。

新兴市场：一个特别例证

在进入新兴市场时，外国公司常常有一个错误的观念，那就是认为与它们竞争的是其他跨国公司，但实际上是当地公司占领着阵地。中国最大的计算机生产企业是一家名为联想的本土企业，它的计算机销售量超过康柏、IBM、惠普以及国外其他主要计算机公司。跨国公司往往倾向于高估消费市场的容量。

新兴市场通常在结构上呈金字塔形，数量庞大的作为底部的穷人（很可能不是潜在市场）和一小部分非常富有的人（潜在市场）。但是，国民财富的增长会催生一个潜在的庞大的中产阶级群体成为消费主体。这个市场是真正的财富源泉。以下是一些进入新兴市场应考虑的事项：

- **企业结构要有创新性。**对某一地区不太熟悉的公司在进入这个新的市场时，往往会过度依赖联盟或者合资这种形式。但是，在相当多的情况下，这种做法使公司遭遇失败。公司更应该采取保持控股权或建立全资子公司的形式，而不是 50/50 的伙伴关系。这种“自力更生”的趋势在中国已经表现得相当明显，在那里，跨国公司很少能和当地低效、信用缺失的伙伴一起赚到钱。

- **寻求市场拓展，研发新的产品。**不要满足于现在所拥有的市场，要积极开拓新的市场。瑞士的雀巢公司利用它在食品加工和营销等方面的技巧在印度开创了一个新的早餐快餐市场——米饭蛋糕。

- **培养当地的管理和技术人才。**既了解本土市场的情况，又掌握了领先的管理技术的当地经理人，是无价之宝。

● **平衡企业的国际化优势与适应当地市场的能力。**跨国公司有规模经济的优势，有制造、技术研发的优势，有营销和配送的技巧，这些传统优势可以用来对付竞争对手。同时，公司必须本土化，因为过多的标准化会导致企业与当地消费者疏离。看一看麦当劳的做法——该公司的菜单充分实现了本土化。你在印度任何地方的麦当劳餐厅都看不到牛肉汉堡包，最畅销的则是专门为印度当地人制作的羊头巨无霸。

国际网站营销

互联网是第一个真正意义上将厂商的信息即时传递给全球各地的消费者的媒体。尽管并不完全准确，但是据估计 1996 年全球联网家庭大约有2 400万户，2000 年大约为 1 亿，2008 年这个数字则接近 15 亿。除美国之外，日本、德国和英国被认为是互联网普及速度最快的国家。短期内，美国的联网家庭数量或许仍处于领先位置，但是中国和印度很有可能会后来者居上。亚太地区、日本、澳大利亚/新西兰、中国香港、韩国以及中国台湾的互联网发展势头也非常强劲。在过去的 10 年里，亚太地区的初级市场得到了显著发展。

尽管这看上去似乎为各个企业打开了一个庞大的市场的大门，但是当前研究表明，实际上联网家庭中只有 30%会在网上购买商品或服务。一些人将图书馆看作信息库而不是零售店。实际上，人们更愿意通过互联网获取各种信息，而不是将其作为一种购物手段。实际上，人们更喜欢在互联网上获得诸如价格对比这类信息，然后再通过相对传统的方式去购物。但是，这一现状也正处于变化之中。

创建一个国际网站

互联网大大缩短了企业和全球消费者之间的距离，但它绝对不是简单地设计一个网站而已。要想成功地通过互联网进行国际营销活动，你需要确保你的网站能被不同文化的大众接受。

● **目标市场。**你首先要决定将哪个或哪些国家作为潜在市场。

● **语言。**你需要翻译你的网站吗？尽管 80%的互联网的内容是用英语描述的，但大多数使用互联网的人希望看到他们自己国家的语言。认真的营销人员将允许用户通过自己的语言了解相关资料。

● **使一切变得简单。**如果你决定仅使用英文，就要确定使用简单易懂的国际化风格的英语，避免行话、本地习语。

- **清理网站。**要确定网站上没有令其他文化者恼怒的东西。
- **技术性友好。**别在网站上放太多图表、照片夹。大多数受众会因为太浪费时间而不愿意下载这些东西，除非他们的电脑配置很高。让你的网站只提供文本文件。
- **物流。**在你设立网站之前，你必须考虑好如何处理结算、货物配送以及售后服务方面的问题。
- **促销。**通过诸如平面广告、展销会或互联网广告等形式来积极地推广你的网站是至关重要的。

第18章 跨文化的顾问

我们多付给他了，但他值得。

——塞缪尔·戈尔德温

国际商务活动的爆炸性增长导致国际商务顾问数量剧增。他们提供方方面面的建议，小到餐桌礼仪，大至把你介绍给新兴市场的当权者，但并不是所有顾问都具有同样的资历和经验。国际商务顾问主要可以分为两种类型。第一种是内政顾问，是指那些针对你已选定的作为潜在目标市场的国家，提供全方位的商务服务和营销经验的人；第二种是对外顾问，是指那些为你及你的工作人员提供培训，使你们了解礼节、礼仪以及一般性的国际商务文化的人。

国外和国内的顾问

如果你对外国目标市场只有粗浅的了解，仅仅依赖本国顾问可能不是最优选择。这在发展中国家更是如此。本国的顾问对潜在的迅速发展的地区或许只有肤浅的了解，并没有像所需要的有经验的国际商人那样对该地区有深入的研究。本国的顾问可能就指导到这为止，如果你决定聘请顾问，你不仅应考虑聘请一位目标市场国的顾问，而且还应该从国内优质的公司中聘请一位在你的目标地区有过交易经验的顾问。

当你想要在目标市场找一位当地顾问时，一定要坚持让他提供推荐信，而且要对这家公司或者个人的背景做一个详尽的调查。对一家成熟的企业来说，最尴尬的事情莫过于在目标市场上找了一家咨询公司，但是该公司的主要关系网都是一些有组织的犯罪集团，该公司最擅长的事情是向权贵家族行贿。从国内聘请顾问时，推荐信也是一个很好的参考。

选择一位顾问

经营管理顾问学会（The Institute of Management Consultants，IMC）——一个全球性组织，在世界各主要城市都设有办公室——指出，要想让你聘用的顾问发挥出最佳效用，你应该与被聘顾问或公司密切合作，为他们执行任务提供必要的信息。有经验表明，联合执行任务时需要把顾问和本公司的成员聚在一起，这往往是最有效的。顾问与用户之间顺畅的交流是非常必要的。经营管理顾问学会为如何有效选择和使用国际管理顾问提供了以下守则：

1. 明确地定义你希望达到的目标：描述你想要做的事情，清晰界定你对对方的期望。清楚地知道自己有怎样的期望有助于对方完成任务。判断完成任务所需的时间、任务的涉及面以及面临的约束条件。明晰你自己的角色、哪些重要职员要参与到工作中来，以及他们如何安排时间。

2. 征求企业其他人员的意见，让大家达成一致目标。共同决定你们希望聘请的专家为你们解决哪些问题。这些问题是系统性的、人为的，还是技术性的？

3. 应将可能的候选人请来做一个简短的自我推介。介绍的内容应包括顾问如何进行任务、职员、时间、联络和费用的管理。应提供一个以前任务是如何完成的例证。据此拟定一个最终的候选人名单，并且从这些人里面选择一个最终的合作者。候选人不要超过三位，并请他们写出书面提议，具体包括：

- 他们对问题的理解；
- 所需条件；
- 准备从事此工作的顾问的名单及其资格证；
- 公司提供的其他支持；
- 工作计划和时间要求；
- 他们向你递交的报告；
- 费用支出以及支付时间表；
- 需要你投入的东西。

4. 正式雇用一个个人或一个公司通常要签署一份合同。最终的提案里应该清晰地写明完成任务所需的条件，而且这些条件必须得到客户的一致认可。正式的合同应包括以下内容：费用及支出、税负、合作终止的条件、人员及时间安排，以及客户现在可以提供的设施。

5. 适当简要地向顾问介绍情况。他们需要知道和了解你所定义的问题的背景，以作出满足你要求的详细建议。记住，如果只是简单引用其他方案中的建议，那么你的钱很可能花得不值得。

6. 与即将为你工作的顾问碰个面，以确保你们之间的“化学反应”是正确的。咨询工作要想取得成功，需要人们之间有良好的交流意愿。一定要见一下将要为你服务的顾问，并且要确保你们之间的“化学反应”是正确的。在作出最终的决定之前，和你的顾问聊一下你所选择的方案，从而保证你关心的问题都有了答案。如果你对提案有任何不满意，别勉强自己接受。继续和你的顾问探讨，直到你们就提案完全达成一致。

7. 要向选定的合作公司索取推荐信并做跟踪调查。要询问选定的顾问先前服务过的用户，以证实顾问是否适合将执行的任务。

8. 在执行任务过程中要现场参与。记住，如果你想获得最大收益，你必须密切参与正在进展中的任务。以商定的计划和进度开展工作，顾问才最有可能实现收益的最大化。定期召开工作会议，让顾问向你汇报工作的进度。如果有需要你或你的员工支持的地方，要确保在规定时间内完成要求。如果拖延了项目的进度，则可能导致额外的成本。咨询工作不仅仅需要金钱上的投资，还需要时间上的投资。

9. 确保顾问在最终的报告中不会有令人吃惊的内容。顾问的报告是其最有形的“产出”，但它必须以对你有利的格式写成。如果必要的话，请顾问作出一份草拟的报告，这样在终稿定稿前你就可以与你的同事们讨论有关事项。报告终稿不应有任何让人吃惊的内容。如果有机密或有争议的问题，则让对方私下提供给你，而不是写在报告中。要确保写成的报告能让你及你的职员看懂和使用。如果你对报告有不满意的地方，告诉顾问。可以要求顾问就报告为你及你的同事做一个简要宣讲，如果这样做有利于讨论报告的结论的话。

10. 尽早使你的职员参与到任务中来，以便他们“拥有”发言权。你应该尽可能早地让你的员工参与到任务执行工作中来，这样他们就为针对任务提出建议贡献了自己的力量，也会关注任务的结果。

11. 执行建议，让你的管理层及顾问都参与进来。你可能需要为管理顾问做些安排以帮助计划实施。让顾问参加定期举行的工作进度会是达成这一目标的有效途径。对于每一个环节，都要索取书面的成本支出明细表以及实施方案，哪怕这个方案是完全照搬工作安排表的。如果你希望顾问帮你培训员工，一定要高度重视态度和技巧。

□ 量身订制是必要的

任何跨文化培训项目都应根据你公司的特殊要求制定。如果培训计划不能为员工提供与其所从事的领域有关的足够的知识，那就可能不值得花这些钱和时间。如果可能，顾问还应提供个性化的跟踪服务，因为这样做就有机会补充和完善有关的建议或战略，同时将应该引起注意的方面反馈给公司。

术 语 表

Advertising　广告　一种面向公众的通知，来告知、劝说或修正消费者对某一产品的态度，带有最终促使消费者购买的目的。

Agenda　议事日程　谈判中要讨论的议题的清单。一个议事日程通常是按议题的重要性来排序的。控制好议事日程对于谈判至关重要。

Big Picture　宏图　对商务和交易的总体的长远展望。思考宏图意味着你有能力把过去的细节考虑在内并能展望公司的总策略。

Bona Fides　（拉丁语）“良好的信誉”　它是指用文件、材料和承诺表明公司或个人在商务、交易中的诚实度和可信度。

Bottom Line　末行数字　企业年终结算损益表中的末行数字，代表损益和利润额。

Bribery　贿赂　支付和赠送物品或钱财给某个人，因为他占据某个权力位置，能影响商务交易的结果。贿赂置道德于不顾，在国际商务中占据着牢固的地位。世界各国一致反对贿赂，把贿赂当成糟糕的经济政策。

Buddhism　佛教　是由释迦牟尼佛陀（印度公元前 6 世纪）传播一生的宗教。它强调信任、善良和慷慨，认为忍受痛苦是不可逃避的人类生存的一部分。这一宗教在亚洲被广泛追随，对关于商务的文化态度有极大的影响。

Collectivism　集体主义　一种强调团体和睦，赞赏将个人需要让位于团体需要的文化价值观。指一个人应把集体的利益放在首位，并听从负责人的命令。

Confucianism 儒家学说 是中国的道德体系（不是宗教），始于古代思想家孔子（卒于公元前 479 年）的说教。他的说教基于伦理的戒律——仁爱、正直、礼貌、明智的领导、虔诚，用来启发和保持对家庭和社会的管理。它教导人们团体的利益优先于个人，其学说在中国以外的许多国家得以实行，并在这些社会中形成社会组织和社会阶层管理的基础。

Corporate Citizenship 企业公民 指企业对雇员、股份持有者、用户、供货商、商品和服务市场所在地的社区的责任。最低限度地，它必须遵守它所在营运地的法律、法规，以及从事被人们接受的商务行为。它超越了以往只注重企业利润和生产力增长的传统的经济观点。

Corporate Culture 企业文化 它是把组织黏合在一起的力量。它能体现一个组织的价值观、行为标准、政策和程序，而且受到民族文化价值、所有权结构、企业所在行业性质的深刻影响。

Cross-Cultural 跨文化 指一种文化的信仰和态度与另一种文化的信仰和态度的比较。在管理中，它是一个用来对付来自不同文化团队的挑战的概念。

Culture 文化 指个人和社会共同接受的核心价值观、信仰、标准、知识、道德、法律和行为，它决定着一个人怎样行动、怎样感受、怎样观察自己和别人。

Culture Shock 文化冲击 人体的一种反应，当遭遇文化冲击时，你曾经熟悉的一切——语言、食品、货币、价值观——突然消失，而这一切只是因为你刚进入到一个新文化之中。文化冲击的效果可能会累积，使某人对新文化产生感情爆发。

Dugri （以色列术语）讲话很生硬、武断，并在谈判时略带锋芒 当以色列人谈话很 dugri 时，就会缺乏友好姿态，或不屑使用能取胜而不犯规的小动作。它迫使谈判快速进行，或作出决定或失败。

Ethics 伦理学 指一个人或公司在人际和商务关系中的道德原则和价值观。这个词来源于希腊词“品德”，用于描述一种对义务和责任的道德态度。

Etiquette 礼仪 被描述为社会常规的礼教习俗和行为，它支配着所有社会情景中人的行为，以及人在商务中的交往行为。

Face 面子 一种极为重要的价值观，特别是在亚洲、中东文化中，与人的身份、地位、别人对你的尊敬、自尊自敬有关。在西方，丢面子——表示因行为举止出错而感到尴尬——与个人失败有关。在亚洲和中东文化中，丢面子还是一个团体的概念，是带给你所代表的个人和团体的羞辱。

Feminine Culture 女性文化 指具有女性价值观，重视人际关系，把生活质量放在获得物质财富之前的文化。这种文化更赞赏对个人和不幸的人的关注。女性文化与男性文化相反。

Fixer　疏通者　（参见 Go-Between）

Foreign Corrupt Practices Act　外国腐败行为法案　美国的一项法律，对美国公司、公民或其他机构贿赂外国官员以获取商务好处所判的联邦罪。这一法案有时会阻碍美国商家在国际商务中的竞争。

Giri Ninjo　义理人情　这是日本文化最有影响力的基本原则，它支配着个人和商务的关系。荣誉感、忠诚感和感情移入的原则使商务运作的氛围看起来像一个大家庭。

Go-Between　中间人　指第三方，他可能为一方或两方所了解，旨在使他们能进行商务交易。中间人通常是指把外国商务介绍到本国的人。

High-Context Culture　高背景文化　一种重视谈判和交易中的无形因素的文化。来自这种文化的个人看问题超越现实和数据，注重人际关系、气氛、态度，信赖宗教。没有面对面会见，则不会进行任何商务活动。

Internet　互联网　连接上百万台电脑的全球网络。通过互联网，多达100个国家被连在一起交流资料、新闻和观点。不像在线服务（这种服务受中央控制），互联网采用分散化设计。每台互联网计算机的主人是独立的。它的操作者可以选择互联网的服务，并通过本服务，使建立全球性互联网社团成为可能。

Individualism　个人主义　一种文化价值观，注重独立思考，赞赏和褒奖个人成功而不是团体成功。

Level Playing Field　平等游戏领域　这是一种商务环境，其中每个人都受到法律规则的同样约束。

Low-Context Culture　低背景文化　是这样一种文化，它假定在很高程度上大家分享知识，因此只对付有形的、具体的东西，如交易的事实、数据、性能。气氛和人际关系对于商务伙伴不意味着什么。在低背景文化中，商务可以不见面就进行。

Masculine Culture　男性文化　指具有男性价值观，赞赏激进、武断并尊敬物质财富的获取的社会。男性文化与女性文化相反。

Monochronic　单时间性　一个术语，它讲述了一种文化是如何看待时间的。在单时间社会中，时间用来支配一个人的生活，用于决定哪些事应优先，使任务有顺序地排列，一次只做一件事情。大多数发达国家或社会是单时间性的，它与多时间社会相反。

Non-verbal communication　非语言交流　敏感的手势、面部表情、姿势、眼睛的接触和形体语言常常潜意识地伴随着语言交流，它可能会揭示交流者的真正意图。即使是沉默，也是一种非言语的交流，它在不同文化中有不同的含义。

Organization of Economic Co-operation and Development（OECD）　经济合

作与发展组织 总部设在法国巴黎，由27个国家组成，包括亚洲、欧洲、北美等主要工业化民主国家，成立于1961年。其宗旨是提高成员国的经济和社会福利，刺激和协调发达国家与发展中国家的关系。OECD在打击商务贿赂和腐败方面被看作世界领导性组织，它也是制定商务伦理道德标准的全球性领导力量。

Protocol 礼节 是礼仪的一种形式，是商人和外交官在正式的跨文化交流中所遵守的礼节。

Polychronic 多时间性 一个多时间性的社会会利用时间同时完成多种目标，尽量同时与多个人相互联系。在这种社会中，按顺序完成任务的方法被看作是不适应需要的。多时间性是新兴经济的特点。

Power-distance 权力距离 一个文化方面的概念，它描述了一个人怎样在社会中看待权力，及怎样看待他在决策制定过程中的角色。在远权力距离文化中，人们把自己看得远离上司，不寻求在决策制定中发挥作用。在近权力距离文化中，工人们都谋求授权，或要求在决策制定和执行过程中有发言权。由于尊敬权力和当局，远权力距离文化的人比近权力距离文化的人更倾向于正式性交流。

Proxemics 亲疏关系 是研究一个人与另一个人在交流中所期待的两人之间的距离和空间的正式术语。在一次讨论中，一个人与另一个人站在多远的距离才合适，这能决定他们之间的关系。

Reverse Culture Shock 反向的文化冲击 因一个旅行者在新的文化中待了相当长时间又返回本国而感到很难适应本国环境的一种反应。这可能比常见的文化冲击更严重，因为这个人是返回到自己的商务环境当中，而这曾被他视为安全和舒适的地方。

Relationship-driven Culture 关系驱动型文化 一种依赖友谊和个人信誉来做生意的文化。由于缺乏合同法律，在这种文化中，必须建立个人信赖，只有这样，商务才能进行。它的相反术语是任务驱动型文化。

Strategy 策略 创造一个计划，以艺术和科学地运用社会、经济、政治、法律、文化和其他现有的力量达到某种目的。

Stereotype 成规 形成成规是为树立一个团体的形象，使这一团体具有若干特点，从而有助于简化识别他们身份的复杂任务。并不是所有成规都是消极的或不正确的。

Task-driven Culture 任务驱动型文化 指一种不受个人情感影响而受交易驱动影响的文化，由于现存的法律体系，在进行商务活动和签署合同时不需要人际关系。它的相反术语是关系驱动型文化。

Time Horizon 时间概念 即一个人或公司为一笔交易开始盈利所愿意等候的时间长度。对一个项目的耐心与所需的融资资本成本有直接的关系。短的时间概念与任务驱动型文化有关，这种情况下资本具有高利率。

Transparency 透明度 所有各方对统一的一套规则、标准及支配交易的法律有清楚的理解。这一概念在股票市场尤为重要，股票市场要求财务报表反映事实，这比各自国家对自己的要求更严格。

Uncertainty Avoidance 不确定性规避 支配着个人和社会对稳定、模棱两可和风险作出何种反应的文化价值观。这种价值观常常反映在商务组织和就业方面。日本文化是一个高不确定性规避的文化，工人们认为工作是终身制的，并放弃个人流动性。

Values 价值观 对于一种文化来说，价值观是一个很重要的概念，它影响社会中人们的相互交往和个人的观点。在不同文化中，最基本的价值观差异就是一个社会强调的是个人主义还是集体主义。

Website 网站 全球性网络的地点和位置。每个网站都包括一个主页，这是文件使用者首先看到的网络地点。这一地点还可能包括额外的文件和文档。每一个地点被一个人、一个公司或一个组织所拥有。

Win-win 双赢 一种谈判策略，双方认为都能从谈判中获取平等的好处。它与一方获益、一方损失不同。

World Wide Web 万维网 是互联网服务者的系统，它支持文件排版，并不是所有互联网服务者都在万维网范围内。你可以通过申请互联网浏览器的方式进入万维网，进入全球范围的网站。

Zero Sum Game 零和博弈 它是指一方获益会直接引起另一方损失，获益和损失的总值为零。

参考书目

Axtell, Roger E. (ed.) *Do's and Taboos around the World*. New York: John Wiley& Sons, 1990.

Axtell, Roger E. (ed.) *Do's and Taboos around the World for Women in Business*. New York: John Wiley & Sons, 1997.

Blake, Terence, Danielle Medina Walker, and Thomas Walker. *Doing Business Internationally: The Guide to Cross-Culture Success*. New York: Richard C. Irwin Inc. , 1995.

Country Business Guide Series, 12 country-specific texts on doing business in major emerging market. Novato, CA: World Trade Press, 1994—1999.

Curry, Jeffrey Edmund. *A Short Course in International Marketing*. Novato, CA: World Trade Press, 1999.

The Global Road Warrior, 85-country handbook (106-country CD-Rom) for the international business communicator and traveler. Novato, CA: World Trade Press, 1999.

Hall, Edward T. *Beyond Culture*. Garden City, NY: Anchor Press, 1977.

Hofstede, Gert. *Cultures and Organizations: Software of the Mind: Intercultural Cooperation and Its Importance for Survival*. New York: McGraw-Hill, 1997.

Hofstede. *Cultures Consequences*: *International Differences in Work-Related Values*. Sage Publications, 1984.

Lewis, Richard D. *When Cultures Collide*: *Managing Successfully Across Cultures*. London: Nicholas Brealey Publishing, 1996.

Niemeier, Susanne, Charles P. Campbell, and Rene Dirven. *The Cultural Context in Business Communication*. New York: John Benjamins Pub. Co. , 1998.

Passport to the World Series, 24 country-specific books on the business culture of countries, Novato, CA : World Trade Press, 1996—1999.

Schell, Michael S. and Charlene Marmer Solomon. *Capitalizing on the Global Workforce*: *A Strategic Guide for Expatriate Management*. New York: Irwin Professional Pub. , 1996.

Schneider, Susan C. and Jean-Louis Barsoux . *Managing Across Cultures*. Englewood Cliffs, NJ : Prentice-Hall, 1997.

Shippey, Karla C. *A Short Course in International Contracts*. Novato, CA : World Trade Press, 1999.

Yip, George S. *Total Global Strategy*: *Managing for Worldwide Competitive Intelligence*. Englewood Cliffs, NJ : Prentice-Hall, 1992.

A Short Course in International Business Culture: Building International Business through Cultural Awareness, Third Edition by Charles Mitchell
Authorized translation of the English edition © 2002, 2006, 2009 by World Trade Press
This translation is published and sold by permission of World Trade Press, the owner of all rights to publish and sell the same.
Simplified Chinese version © 2012 by China Renmin University Press.
All Rights Reserved.

图书在版编目（CIP）数据

国际商务文化（第三版）/米歇尔著；姜欣等译．—北京：中国人民大学出版社，2012.7
（国际贸易经典译丛·简明系列）
ISBN 978-7-300-16057-3

Ⅰ.①国…　Ⅱ.①米…②姜…　Ⅲ.①国际贸易—商业文化　Ⅳ.①F740

中国版本图书馆 CIP 数据核字（2012）第 140278 号

国际贸易经典译丛·简明系列
国际商务文化（第三版）
查理·米歇尔　著
姜　欣　吴文清　译
Guoji Shangwu Wenhua

出版发行	中国人民大学出版社		
社　　址	北京中关村大街 31 号	**邮政编码**	100080
电　　话	010－62511242（总编室）		010－62511770（质管部）
	010－82501766（邮购部）		010－62514148（门市部）
	010－62515195（发行公司）		010－62515275（盗版举报）
网　　址	http://www.crup.com.cn		
经　　销	新华书店		
印　　刷	北京鑫丰华彩印有限公司		
规　　格	185mm×260mm　16 开本	**版　　次**	2012 年 7 月第 1 版
印　　张	13　插页 1	**印　　次**	2019 年 7 月第 2 次印刷
字　　数	235 000	**定　　价**	28.00 元

版权所有　侵权必究　　印装差错　负责调换